JN026972

金融教育塾

新NISAで株式投資を楽しく実践

滝川 好夫 著

税務経理協会

は　し　が　き

　日本経済新聞（2023年2月10日）に「国の後押し　加速へ――NISA制度拡充でより活用しやすく」という見出しのもとで，「岸田政権下では，昨年秋，『貯蓄から投資へ』の流れをさらに加速させ，投資による資産形成を促すため『資産所得倍増プラン』が掲げられた。なかでも少額投資非課税制度（NISA）は，これから投資を始める人にとってメリット（制度の恒久化，非課税保有期間の無期限化，年間の投資上限額の拡大－引用者注）が大きくなった制度拡充が2024年1月から予定されている。」と記載されていました。NISA（ニーサ）は，個人レベルでは，預貯金の金利・利回りを上回るリターン（資産所得）を得て，将来を見据えた資産形成に取り組めることを，国レベルでは，証券市場への資金流入を増やして企業活動を活性化させ，経済成長を促進することをねらっているものです。

　しかし，個人レベルで「預貯金の金利・利回りを上回るリターン（資産所得）を得て」は確実な話ではありません。NISAというローリスク・ハイリターンの金融商品が存在するわけではなく，NISAは値上がり益・配当などが非課税であるという特別の口座のことで，NISA口座で，実際に買った株式・投資信託が値上がりするとは限りません。ですから，株式・投資信託の売買で損失を出さないように，利益を出すようにするためには，金融教育を受けねばなりません。

　日本銀行金融広報中央委員会の2022年「金融リテラシー調査」（18～79歳対象）によると，金融教育を受ける機会がなかった人は75.7％，実際に受けた人は7.1％でした。05年度は日本銀行によって「金融教育元年」と呼ばれていましたが，ようやく22年4月から高校で金

1

融教育が必修として始まりました。すなわち，高校の社会科で金融・経済の仕組み，資産形成（預貯金や投資でどう将来に備えていくか），家庭科で家計管理（収入・支出の管理）と人生設計（どのように資金計画を立てるか）をそれぞれ学ぶことができるようになりました。

　本書は，25年以上の期間にわたって行っている姫路市，西宮市の「株式投資クラブ」のために，また2022年から伊丹市，2023年から宝塚市でそれぞれ行っている「滝川好夫の金融教育塾」のために作成されたテキストを書籍化したものです。

　2024年１月から始まる「新しいNISA」の成長投資枠では，元本で，１年間240万円，生涯1,200万円を上限として株式投資を行うことができます。株式投資の世界では「テンバーガー銘柄」と呼ばれている，株価が購入時から10倍にまで跳ね上がる株式があります。1,200万円の10倍は１億2,000万円であり，そしてNISA口座では値上がり益・配当は非課税です。

　株式投資で成功している人は「株式投資を楽しんでいる人」です。本書で株式投資の基本を学び，NISA口座で株式投資を楽しく実践してください。税務経理協会の大坪克行社長，佐藤光彦氏には本書の企図をご理解いただき，出版の機会を得られたことをここに記して，感謝の意を表します。また，本書では「株探」画面を多数転載していますが，ご許可いただいた株探運営事務局にここに記してあつく御礼申し上げます。

2023年６月25日

　　　関西外国語大学英語キャリア学部教授・神戸大学名誉教授
　　　株式会社シーズメン社外監査役

　　　　　　　　　　　　　　　　　　　　　滝川　好夫

2

目　　次

第3章　株式購入のスタンス：
長期運用 vs. 短期運用

第6章　会社ニュースを学ぶ

第7章　株式ニュースを学ぶ

第8章　どの株式を購入すればよいのか

第9章　いつ売買すればよいのか：
購入のタイミング vs. 売却のタイミング

第10章　どのように株式を購入・売却すれば　よいのか

序　章
株式投資をどのように
始めるのか

　株式を人生ではじめて買う，売る人のために，以下では手順を書いておきます。損失を授業料と見立てるくらいの金額・心積もりでの，「人生，はじめての株式の買い・売り，お試しの株式取引」ですので，パソコン・スマホで誤入力しても大丈夫であるように，まずは午後3時以降に買い注文を出して，注文取り消し，指し値変更・株数変更などの事前練習をし，注文要領が分かれば，いったんすべての注文を取り消しておきましょう。

(1)　株式投資を行うための口座を開く

　株式をどこで買うか，売るかですが，証券会社に開設した口座で株式売買を行います。ですから，まず証券会社で口座を開く必要があります。

(2)　インターネット注文できる口座を開く

　どの証券会社で口座を開設するかですが，手数料の点から，インターネット（パソコン，スマホ）を利用して注文できる証券会社で口座を開きましょう。

(3)　買う銘柄を探す

　株価が上昇する銘柄を探しましょう。といっても，どの株式が値上がりするのか，値下がりするのかは分かりません。株式は「運」の世界の話ではありません。株式格言に「金のなる木は水では生きぬ，汗をやらねば涸れていく」があり，「運」が極端に悪くなければ，あとはしっかり勉強（汗をやる）すれば，株価が上昇する銘柄を買い，値上がり益を得ることができるでしょう。政治・経済・社会の難しいニュースはさておき，まずは日常生活の中で「儲かっていそうである会社」を探し，その会社の株式を100株だけ「お試し買い」しましょう。株価が500円であれば，50,000円プラス手数料・税金が必要です。

(4)　いつ買い注文を出すか

　どんな銘柄でも値上がりしっぱなし，値下がりしっぱなしということはありえません。株価はいかなる銘柄でも，値上がりし，そののち反転下落し，値下がりし，そののち反転上昇するのが日常です。とすれば，株式投資のコツは「安値で買い，高値で売る」という売買タイミングの選択です。実はこれは銘柄選び以上の難題であり，まずは良い会社だと思っているのに，株価が大きく下がっている銘柄を100株だけ「お試し買い」しましょう。

(5)　どのように買い注文を出すのか

　各銘柄には4桁の証券コード番号がついています。売買注文のときには，銘柄名（会社の名前）ではなく，4桁の証券コード番号で入力注文します。証券会社のホームページで「ログイン」し，「注文」画面を探しましょう。「注文」画面が出てくれば，まずは昨日

の終値で「指し値」「お試し買い注文」しましょう。買えなければ，翌日，「成り行き」「お試し買い注文」しましょう。

(6)　いつ売り注文を出すのか

　株価が気になるかもしれませんが，まずは，常時つまり，午前 9：00-11：30，12：30-15：00の間の株価は気にしないようにしましょう。株価の日々の終値だけをチェックして，10%くらい上昇していれば，昨日の終値で「指し値」「お試し売り注文」しましょう。欲が絡んでくるので，売りタイミングは買いタイミングよりはるかに難しいのですが，いまはお試しですので，とりあえず「お試しの指し値売り注文」をしましょう。売れなければ，含み益が出ている限り，同じことを繰り返しましょう。これで，銘柄を選んで，買って，売っての一連の株式取引を実体験できました。

(7)　株式の本格売買にトライする

　「お試し買い注文」銘柄は，政治・経済・社会のニュースは二の次で，もっぱら日常生活の中で「儲かっていそうである会社」を探しました。株式投資をはじめるときに「政治・経済・社会のニュースをふだん見聞きしないし，見ても，聞いても理解できないので，株式投資は無理である」と思いこんでいる人がたくさんいるはずですが，これは話が逆で，さすが株式投資でお金が絡んでくると，欲のこともあって熱が入り，自然に真剣になってくるものです。まさに「金のなる木に汗をやっている」，つまり無意識のうちに，政治・経済・社会のむつかしいニュースを見聞きし，内容を理解できるようになるものです。その意味で，株式投資の最大の利益は「お金」ではなく，政治・経済・社会への関心・理解であるのかもしれません。そうすると本書を繰り返し読むようになって，「どの銘柄

を，いつ買えばよいのか」「買った銘柄をいつ売ればよいのか」がわかってきますし，株式投資で大きな値上がり益を得ることも大いにありうるでしょう。

【知っておきましょう】 初心者向けネット証券会社

サービス	楽天証券	松井証券	マネックス証券
特徴	NISAも充実 楽天ポイント貯まる	手数料が安い 無料で投資が学べる	IPOも狙い目 海外株も充実
手数料	✿	✿	✿
初心者 使いやすさ	✿	✿	○
IPO	◎	○	◎
投資信託	✿	◎	◎
米国株	✿	○	○
NISA	✿	✿	✿
口コミ	✿	◎	◎
サイト	公式ページ	公式ページ	公式ページ

出所：https://navinavi.club/kabu/s/?cam＝01_l&sd＝1&gr_no＝0001&ad_no＝1&yclid＝YSS.1000237806.EAIaIQobChMIusyj8NDM_wIVKcsWBR3vKAuSEAAYASAAEgLNJfD_BwE（2023年6月9日閲覧）より作成。

第1章
NISA（少額投資非課税制度）

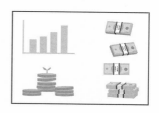

🎁 1　NISAのねらい

　2月13日は「NISA（ニーサ）の日」であり，岸田文雄首相は2023年2月13日に「日本では，家計金融資産のうち2割しか株式や投資信託への投資に回っていない一方，欧米では，その約5割が投資されています。その結果，日本は相対的に資産運用収入が小さくとどまっています。ここに，家計の金融資産所得を拡大するポテンシャルがあり，『貯蓄から投資へ』の動きを幅広い層に広げることが重要だと考えています。このため，岸田政権は，日本の家計に眠る現預金を投資につなげ，企業の持続的成長と，家計の金融資産所得の拡大を実現するため，『資産所得倍増プラン』を昨年末に策定しました。今年は『資産所得倍増プラン元年』として，『貯蓄から投資へ』（現預貯金から投資信託・株式へ－引用者注）のシフトを大胆・抜本的に進めていきます。その柱として，NISAを抜本的拡充・恒久化し，より多くの国民の皆様（NISA口座数を1,700万から3,400万へ－引用者注）の，より多くの投資（NISA口座利用額を28兆円から56兆円へ－引用者注）を，より長期間，非課税にいたしま

す。(後略)」といったスペシャル・メッセージを出しています。

つまり，NISA（少額投資非課税制度：Nippon Individual Saving Account）のねらいは，以下の2つです。

① 個人のレベル

退職金・年金収入だけで老後を過ごせる時代ではなくなりつつあります。NISAを利用することによって，資産の値上がり益，配当金・分配金を倍増させ，自助努力によって資産形成を行うことがねらいです。

② 国のレベル

国・産業を活性化するには資金，とりわけリスクマネー（成長資金）が必要です。NISAの普及によって，資金が預貯金から証券（投資信託・株式など）へ向かうことはリスクマネー（成長資金）供給増になり，国・企業の発展に寄与します。

🎁 2 NISAの良い・悪い

旧NISAの利用では，「つみたてNISA vs. 一般NISA」の選択をしなければならず，各個人の事情によって，「それならば『つみたてNISA』がよい，それならば『一般NISA』がよい」ということがあったが，新NISAでは「つみたて投資枠」（旧「つみたてNISA」）と「成長投資枠」（旧「一般NISA」）は併用できるので，いまや判断はNISAを「利用する vs. 利用しない」ということだけです。

金融庁などから旧NISAの年代別利用状況が公表され，「『つみたてNISA』は20代，30代，40代向け」と言われたりしているので，新NISAの「つみたて投資枠」は20代，30代，40代向けであるのかもしれません。旧NISAは「つみたてNISA vs. 一般NISA」の選択制であり，「つみたてNISA」を選ぶと手間のいらない投資信託の

購入のみであったが，新NISAでは，あらゆる年代の人が，「つみたて投資枠」を利用した投資信託の購入のみならず，「成長投資枠」を利用して，投資信託，上場投資信託，株式などを購入できるようになります。その「成長投資枠」は，以下の3つのように利用できます。

①　老後向け長期運用型

　　「つみたて投資枠」と同じ金融商品（投資信託）を毎月積み立てる。これは手間が少なく，長期で着実な成績を見込める運用であり，投資期間が短いと「高値づかみ」の恐れがあるので，積立運用は長期（10年間以上）で行わなければなりません。毎月15万円ずつなら10年間で生涯投資枠の1,800万円を使うことになります。

②　配当・株主優待期待型

　　高配当，株主優待をねらって株式を購入し，長期保有する。あるときには，高配当株式を債券のような利回り資産と位置づけて長期運用する，あるときには，株価が大きく上昇した局面では売却する。

③　値上がり益追求型

　　株価下落時などに株式を，1～3銘柄一括購入する。どの銘柄を，いつ購入・売却するかが重要です。

　いずれにしても，利益が生じてこそNISA利用は価値があり，損失が生じればNISA利用はむしろ害になるので，NISAを利用するときには，必ずや利益が出るようにつとめなければなりません。本書では，NISAを利用して，いかにして，どんな株式をいつ購入すればよいかの教示を行います。

3 「一般口座」「特定口座」「NISA口座」と損益通算

　金融機関の口座には「一般口座」「特定口座」「NISA口座」の3種類があります。

(1) 一般口座

　一般口座を選ぶと，株式などの値上がり益，値下がり損の総計などを自ら計算し，それに基づいて，値上がり益に対する税（譲渡益に対する所得税・住民税）の確定申告を行わなければなりません。値上がり益に対する税率は所得税（復興特別所得税を含む）15.315%，住民税5％の合計20.315%です。

(2) 特定口座

① 源泉徴収あり

　「源泉徴収あり」の特定口座を選ぶと，取引金融機関が株式などの値上がり益に対する税の納税事務を代行してくれます。

② 源泉徴収なし

　「源泉徴収なし」の特定口座を選ぶと，取引金融機関が作成した年間取引報告書（値上がり益，値下がり損などの総計を記載した報告書）に基づいて，値上がり益に対する税の確定申告を自ら行わなければなりません。

(3) NISA口座

　一般口座・特定口座で利益が生じれば「利益×20.315%」を金融所得税（値上がりによる利益，配当金，分配金に課される税）とし

て支払わなければなりませんが，NISA口座であれば，利益が生じても金融所得税はゼロです。

ただし，NISA口座は利益が生じてこそ利用価値があり，損失が生じればむしろ害になります。すなわち，一般口座と特定口座は損益通算ができますが，NISA口座は一般口座・特定口座との損益通算ができません。つまり，NISA口座で損失，一般口座・特定口座で利益が生じたとき，NISA口座と一般口座・特定口座の合算による，利益と損失を相殺することはできず，一般口座・特定口座の利益全額に税がかけられます。

4　旧NISA vs. 新NISA

NISA（旧NISA vs. 新NISA）は個人向け税優遇口座であり，すべての金融機関を通じて1人につき1口座しか開設することはできません。

旧NISAの「NISA（一般NISA）」は2014年1月から，「つみたてNISA」は2018年1月からそれぞれ始まり，2024年1月から「新しいNISA」が始まります。

「旧NISA vs. 新NISA」のちがいは，以下の点です。

(1)　「つみたてNISA・つみたて投資枠 vs. 一般NISA・成長投資枠」の「選択 vs. 併用」

旧NISAの「つみたてNISA」「一般NISA」は年単位の選択制であり，「つみたてNISA」「一般NISA」のいずれかだけしか利用できません。

新NISAでは，「つみたてNISA」は「つみたて投資枠」，「一般NISA」は「成長投資枠」とそれぞれ名称変更され，同じ年に「つ

図表1－1　新しいNISA

	つみたて投資枠 併用可	成長投資枠
年間投資枠	120万円	240万円
非課税保有期間	無期限化	無期限化
非課税保有限度額（総枠）	1,800万円 ※　簿価残高方式で管理（枠の再利用が可能）	
		1,200万円（内数）
口座開設期間	恒久化	恒久化
投資対象商品	積立・分散投資に適した一定の投資信託 現行のつみたてNISA対象商品と同様	上場株式・投資信託等 ①整理・監理銘柄②信託期間20年未満、高レバレッジ型及び毎月分配型の投資信託等を除外
対象年齢	18歳以上	18歳以上
現行制度との関係	2023年末までに現行の一般NISA及びつみたてNISA制度において投資した商品は，新しい制度の外枠で，現行制度における非課税措置を適用 ※　現行制度から新しい制度へのロールオーバーは不可	

出所：新しいNISA：金融庁（https://www.fsa.go.jp/policy/nisa2/about/nisa2024/index.html）

みたて投資枠」「成長投資枠」をともに利用できます。

(2)　1年間の購入額の上限（非課税投資枠）

「旧NISA vs. 新NISA」のいずれにも1年間の投資額に上限があります。旧NISAの「つみたてNISA」は40万円，「一般NISA」は120万円です。新NISAでは，「つみたて投資枠」は旧「つみたてNISA」の3倍の120万円，「成長投資枠」は旧「一般NISA」の2倍の240万円です。

「旧NISA vs. 新NISA」はともに次の2つに従っています。

① 一度商品を売却するとその枠は再利用できません。つまり，たとえば1年間の「一般NISA」120万円，「成長投資枠」240万円のすべてを利用して1月10日に株式を購入し，2月10日に売却したとき，利益・損失のいずれが生じようが，年内の「NISA」枠

はすべて利用済みとされます。

② 非課税投資枠の残額を翌年以降に繰り越すことはできません。
つまり，たとえば1年間の「一般NISA」120万円枠のうち100万
円，「成長投資枠」240万円枠のうち220万円を利用して1月10日
に株式を購入し，年末まで残りの20万円枠を利用して株式を購入
しなかったとしましょう。この20万円の枠は翌年になると消滅し，
翌年以降に繰り越すことはできません。

(3)　生涯における保有上限額

新NISAの「つみたて投資枠」「成長投資枠」の1年間の購入上
限額を5年間フルに利用すると，5年間で360万円×5年＝1,800万
円になりますが，新NISAでは，簿価残高（つまり購入合計）ベー
スで1,800万円が生涯における保有上限額です。

つまり，新NISAを利用して購入した金融商品の保有残高合計で
1,800万円に達すると，新NISAを利用した金融商品の購入はでき
なくなります。ただし，1,800万円は保有残高（簿価残高）合計に
ついての制限であり，購入した金融商品をたとえば800万円売却す
ると，新たに800万円の新しい生涯購入枠ができます。ただし，売
却した分の投資枠はすぐには使えず，再利用できるのは売却の翌年
以降からです。「成長投資枠」の生涯における保有上限額は1,200万
円です。

(4)　税優遇の期間

NISAは個人向け税優遇口座です。値上がり益・配当金・分配金
にかかる税がゼロである期間は，旧NISAでは，「つみたてNISA」
は最長20年間，「一般NISA」は最長5年間です。新NISAでは，
「つみたて投資枠」「成長投資枠」は無期限です。

(5) 購入できる金融商品

旧NISAでは,「つみたてNISA」は「長期・積立・分散投資に適した一定の投資信託」,「一般NISA」は上場株式, ETF(上場投資信託), 公募株式投資信託, REITなどをそれぞれ購入できます。

新NISAでは,「つみたて投資枠」120万円で購入できる金融商品は金融庁が長期投資に適すると認めた「積立・分散投資に適した投資信託」であり,「成長投資枠」240万円で購入できる金融商品は「上場株式, 上場投資信託(ETF), 投資信託など」です。ただし, 新NISAでは, ①整理・監理銘柄, ②信託期間20年未満, 高レバレッジ型および毎月分配型の投資信託などを購入することはできません。

(6) 適 用 年 齢

旧NISAの適用年齢は2023年1月以降は18歳以上, 新NISAの適用年齢は18歳以上です。

5 旧NISAの「『ロールオーバー』 vs. 課税口座への移行」

(1) 旧NISAの「ロールオーバー」

旧NISAの税優遇期間は「つみたてNISA」20年間,「一般NISA」5年間です。

① 「一般NISA」はロールオーバーできますが,「つみたてNISA」はロールオーバーできません。

② 一般NISAの非課税期間(5年)満了時に, 翌年の非課税投資枠へ移行(「ロールオーバー」)する場合には, 移行時の時価の合

計額だけ，翌年の非課税投資枠を利用します。時価の合計額が1年間の非課税投資上限額（120万円）を超えていても，全額移行できます。

(2)　旧NISA口座から課税口座への移行

旧NISAの税優遇（非課税）期間満了時に「ロールオーバー」しなければ，課税口座へ移行されます。NISA口座から課税口座に移行した時点での価格が取得価格とみなされ，将来生じるかもしれない利益に税金がかけられます。NISAを利用していないならば，株式を120万円で購入し，途中100万円に値下がりすることがあっても，最終的に120万円で売却し，結果として利益がゼロであれば，税金（値上がり益にかかる税）がかかることはありませんが，NISAを利用して株式を120万円で購入し，税優遇（非課税）期間満了時に100万円に値下がりし，そして，課税口座へ移行させたときには，最終的に購入価格と同じ120万円で売却し利益はゼロであったとしても，税務上は，課税口座移行時の時価100万円が購入価格とみなされ，120万円で売却すると，利益は20（＝120−100）万円と計算され，20万円に税金がかけられます。これはNISAを利用したための弊害です。しかし，新NISAは税優遇（非課税）期間が無期限ですので，このような弊害は生じません。

(3)　「旧NISA」から「新NISA」へのロールオーバー

2024年1月以降も「旧NISA」は「新NISA」の外枠で非課税措置が適用されますが，「旧NISA」での金融商品購入は2023年末までです。また，「旧NISA」から「新NISA」へのロールオーバーはできません。

さて，これまで銀行で旧「つみたてNISA」を行っていたとしま

しょう。新NISAになれば，「つみたて投資枠」と「成長投資枠」を併用できるので，「成長投資枠」を利用して株式を購入しようと思いました。しかし，銀行では株式を買えないので，証券会社で「成長投資枠」を開いて株式購入をしようとしました。NISAの口座は新旧いずれも1人1金融機関であるので，銀行と証券会社の2つにNISA口座を開設できません。しかし，1つの金融機関は年単位の選択であるので，ある年に銀行で旧「つみたてNISA」「つみたて投資枠」を開設していても，年単位で金融機関を変更する手続きを行えば，次の年に証券会社で「成長投資枠」を開設することは可能であり，年が異なれば，2つの金融機関でNISA口座を開設することは可能です。同じ年に，銀行と証券会社に開設することはできません。

 6 「投信つみたて」:
「つみたてNISA」と「つみたて投資枠」

旧NISAでは「つみたてNISA」は最長20年間，新NISAでは「つみたて投資枠」は無期限です。「つみたてNISA」を利用して，投資信託を毎月3万円ずつ20年間購入し続けたとしましょう。購入総額は3万円×12カ月×20年間＝720万円であり，手数料・消費税などを無視し，1年間で3％の利回りで増えると想定すれば，20年目には720＋264.9＝984.9万円に増えます。20年目には，通常の口座であれば，利益総額264.9万円×20.315％＝53.814万円の金融所得税を支払わなければなりませんが，NISA口座であれば金融所得税を支払う必要はありません。

某金融機関のパンフレットには，「初めての投資におススメ『つみたてNISA&NISA』『投信つみたて』月々1,000円～」と書かれ，

「投信つみたて」は「毎月ご指定の日に一定金額を自動的に購入するので，購入のタイミングに悩むこともありません」と説明されています。「投信つみたて」は自由設定した金額で，毎日，あるいは毎週・毎月のある特定日に，継続して投資信託を購入し続けるものですが，本来は，金融商品のどれを選択するかよりも，いつ購入するかというタイミング選択のほうがより重要です。というのは，いかなる金融商品であっても，「価格が安いときに購入し，高いときに売却すれば儲かる」のであり，金融商品購入の最重要事項は，金融商品選択より，タイミング選択であるからです。

7　投資信託（投信）

投資信託（投信）の正式名称は「証券投資信託」です。投資信託は，証券会社・証券投資信託委託会社（投資信託会社）・銀行・保険会社などが販売，投資信託会社が運用，信託銀行が管理をそれぞれ担当したうえで運営されています。金融商品としての「投資信託」の特徴は以下の点です。

(1)　ハイリスク，ハイリターン商品

投資信託（証券投資信託）の購入は証券（株式・債券など）の組み合わせを買うことですので，投資信託は損をすることもあるリスク金融商品です。「預貯金 vs. 投資信託」の比較を行うと，預貯金は金利・利回りは低いが損をすることはなく，投資信託は運用結果が良ければ利回りは高いが悪ければ損をします。つまり，預貯金はローリスク，ローリターン商品，投資信託はハイリスク，ハイリターン商品です。最善はローリスク，ハイリターン（つまり，損はしないが，大儲けができる）金融商品の購入ですが，そのような商

品はもしあれば詐欺商品にちがいありません。

(2) 大きな手数料負担：
購入・販売手数料，運用手数料，管理手数料

投資信託は，証券会社・投資信託会社・銀行・保険会社などへの購入・販売手数料，投資信託会社への運用手数料，信託銀行への管理手数料を支払わねばならず，手数料負担は小さくありません。小さくない手数料の負担があるので，短期での購入・売却は手数料負担が大きすぎて損であり，投資信託は長期運用のための商品です。

某証券会社の投資信託の広告（2023年2月10日）では，

① 購入時に，投資信託の申込み（一部の投資信託は換金）金額に対して最大5.5％（税込み）の購入時手数料（換金時手数料）

② 売却時に，換金時の基準価額に対して最大2.0％の信託財産留保額

③ 保有期間中に，国内投資信託については，信託財産の純資産総額に対する運用管理費用（信託報酬）最大5.5％（税込み・年率），外国投資信託については，運用会社報酬など

④ 運用成績に応じた成功報酬

⑤ その他の費用

が記載されていました。投資信託は，個別の投資信託ごとに，手数料が異なっています。

(3) 外貨建て金融商品であればドル高はプラス，ドル安はマイナス

証券の組み合わせの中に，外貨建て金融商品が含まれていれば，外貨（ドルなど）が値上がりした（ドル高の）ときは儲かりますが，値下がりした（ドル安の）ときは損をすることもあります。

⑷　インターネットからの購入 vs. 店頭窓口で購入

　証券会社・投資信託会社・銀行・保険会社などへ支払う手数料は，インターネットからの購入申し込みを行ったほうが店頭窓口で購入するときよりも安いことがあります。購入時手数料無料を売りにしている投資信託（「ノーロードファンド」）があります。

【知っておきましょう】　投資信託おすすめネット証券会社

サービス	楽天証券	松井I証券	マネックス証券
特徴	NISAも充実 楽天ポイント貯まる	IPOも狙い目 海外株も充実	手数料が安い 世界10カ国株対応
投資信託	2546銘柄	1664銘柄	1373銘柄
アメリカ株	4190銘柄	1900銘柄	4586銘柄
手数料			
ポイント投資			
口コミ			
サイト	公式ページ	公式ページ	公式ページ

出所：https://navinavi.club/kabu/s/?cam＝01_l&sd＝1&gr_no＝0001&ad_no＝1&yclid＝YSS.1000237806.EAIaIQobChMIusyj8NDM_wIVKcsWBR3vKAuSEAAYASAAEgLNJfD_BwE（2023年6月9日閲覧）より作成。

「利益 vs. 損失」と投資家心理

　株式投資において，利益ばかりが出て，損失が出ないということもありえないし，逆に損失ばかりが出て，利益が出ないということもありえません。

　問題は，利益と損失の２つの計算，しかも「心理上の計算」をいかに行えばよいかです。＋10の含み益のある株式と－10の含み損のある株式の２つを保有しているとしましょう。心理上，「２つの株式を一括管理する」ほうが「２つの株式を別々に管理する」よりも満足度は高まります。つまり，買った２つの株式の中で株価下落した株式をことさらに意識して落ち込まないことです。保有株式全体の利益・損失がちょうどゼロであるならば，何ら心理上落ち込むことはありません。投資家がはまってしまうワナの１つは，＋10の含み益のある株式を早期に売って利益を確定し，－10の含み損のある株式を保有し続け「塩漬け」状態にしてしまうことです。

　株式投資で大きな損失を出した人は失った自信を取り戻せるでしょうか。株式投資に失敗したら，失敗内容を書き出して，第三者の目から「本当に自信を失うほどの失敗であったのか」を見つめ直しましょう。

　脳の科学では，「根拠のない自信をもて。そして，それを裏付ける努力をせよ。」と言われています。逆境でも，根拠のない自信をもち，汗をかきながら（学習しながら），後付けで根拠を積み上げていけばよいのです。

第2章
「株探（Kabutan）」で
株式情報を得よう

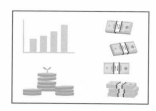

🌱 1 「株探」でタイムリー情報を得よう

　株式投資格言の1つに「金のなる木は水では生きぬ，汗をやらね
ば涸れていく」があります。株式を購入して利益を得ることもあれ
ば，損失を被ることもあります。「金のなる木」を育てる，すなわ
ち株式への運用で利益を得るためには，「汗をやる」，つまり株式の
勉強をしなければなりません。

　書店に行くと，あるいはインターネットで調べると，株式につい
てのたくさんの実践的指南書を見つけることができます。しかし，
これらの本は実践書としては役立ちません。というのは，株価は上
がったり，下がったりするので，過去上がっているときに書かれた
本，過去下がっているときに書かれた本は情報が古すぎるからです。

　株式投資は「他人よりすばやく買い，他人よりすばやく売り抜け
る」「他人よりすばやく売り，他人よりすばやく買い戻す」，いわば
「他人を出し抜く」ことをしなければならず，そのためには「情報
の戦」に勝たねばなりません。株式についての重要情報は「いまの
情報（タイムリー情報）」であり，本書は「株探（Kabutan）」を利

用して，タイムリー情報を得る術を解説しています。

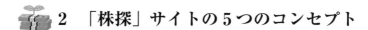 2 「株探」サイトの５つのコンセプト

「Yahoo（ヤフー）」「Google（グーグル）」で，「Kabutan」「かぶ
たん」と入力して検索すると，「株探｜【株式の銘柄探索】サイト-
株式投資の銘柄発掘をサポート」を見つけることができます。「株
探」は「株式会社ミンカブ・ジ・インフォノイド」（東証グロース
市場上場企業：コード4436）によって運営されている個人投資家向
け株式情報無料サイトです。「株探」の特徴は，以下の５点です。

図表２−１ 「株探」サイト

---

https://kabutan.jp ▼

株探｜【株式の銘柄探検】サイト - 株式投資の銘柄発掘を …

有望株(銘柄)の発掘・選択をサポートするサイト。**株価** ニュース 決算 テーマや企業情報な
どが満載。**株価**変動要因となる情報や株式の売買タイミングに役立つ情報、迅速 …

市場ニュース　　直近8時間のアクセスランキング

銘柄探検　　決算速報

出所：https://search.yahoo.co.jp/search?p=%E6%A0%AA%E6%8E%A2
&fr=top_ga1_sa&ei=UTF-8&ts=3753&aq=0&oq=%E3%81%8B%E3
%81%B6%E3%81%9F%E3%82%93&at=s&ai=32a2378a-aad9-443a-
8297-a037c16ae1a6

(1) プロ向け金融端末に匹敵する情報の速報性・高品質・大量

株式投資は「他人を出し抜く」情報戦であり，その他人とは機関
投資家（プロ），個人投資家（アマ）です。「株探」で，機関投資家
（プロ）の情報源に匹敵する，大量かつ高品質の株式投資情報を速
く入手できます。

(2)　多様な投資家ニーズへの情報提供

　みなさんはどれくらいの頻度で株式を売買していますか。1日の
うちに何回も売買しますか。1週間，1カ月に1回程度ですか。1
年のうちに数回ですか。株式の売買頻度によって，つまり短期投資，
中期投資，長期投資のいずれであるかによって，株式情報の種類が
異なってきます。「株探」で，短期投資，中期投資，長期投資それ
ぞれに合った株式投資情報を的確に入手できます。

(3)　株価へのインパクトが予想される情報を事前に提示

　みなさんは売買している会社の内容をよく知っていますか。株式
投資において心得ておかねばならないことは，「良い会社の株価が
上がるのではなく，みんなが良いと予想する会社の株価が上がる」，
「悪い会社の株価が下がるのではなく，みんなが悪いと予想する会
社の株価が下がる」のであり，「予想」は重要です。「株探」で，株
価への影響が予想される情報を事前に知ることができ，「予想で
買って，事実で売る」あるいは「予想で売って，事実で買う（買い
戻す）」ことができます。

(4)　素早い投資判断のサポート

　一般の株式投資入門書は「素早い投資判断のサポート」を行うこ
とができません。というのは，その本・雑誌にはみなさんが売買す
る銘柄を取り上げていないからです。株式投資は「他人よりすばや
く買い，他人よりすばやく売る」，いわば「他人を出し抜く」こと
をしなければならず，「株探」を用いれば，みなさんが売買する銘
柄について，「いま買えばよいのか」「いま売ればよいのか」につい
て素早い投資判断を行うことができます。

(5) 利便性，操作性，見やすさ，わかりやすさの追求

みなさんは，実際の株式売買の中で，「株探」の「利便性，操作性，見やすさ，わかりやすさ」を実経験することができるでしょう。

🎁 3 「株探」に慣れる

何を学ぶにしても，そこでは難しい用語が出て来るし，馴染めない理論が出て来ます。しかし，難しい用語・馴染めない理論に出くわしても，そこであきらめれば「金のなる木」を育てることはできません。何を学ぶにしても，「慣れる」が最重要です。本書では「株探」利用の術をやさしく解説していますが，みなさんは，毎日，10分間でもよいので，「株探」画面の左上にある「トップ」をクリックして，経済，会社，株式についての情報に慣れましょう。難しい用語，馴染めない理論が出てくれば，本書を手引き書として，そのつど，そのつど学習しましょう。学びは疑問から始まり，疑問から始まった学びは必ずや身につきます。あとはその繰り返しであり，継続すれば，「金のなる木」は育っていきます。

「株探」は，ほぼリアルタイムで株式情報を提供しています。株価は急騰したり，急落したりすることがあり，株価の急騰・急落の原因を「株探」で学びましょう。「こんな経済ニュース，会社ニュース，株式ニュースで株価が急騰した」「あんな経済ニュース，会社ニュース，株式ニュースで株価が急落した」という学びを重ねると，実際に株式売買を行うときには，「こんな経済ニュース，会社ニュース，株式ニュースが出てきそうだから，株式を買おう」「あんな経済ニュース，会社ニュース，株式ニュースが出てきそうだから，株式を売ろう」ということができるようになります。

4　株価は良いニュースに下がることも，悪いニュースに上がることもある

「経済・会社・株式の良いニュースが出てきそうだから，株式を購入した」「経済・会社・株式の悪いニュースが出てきそうだから，株式を売却した」としましょう。しかし，経済・会社・株式の良いニュースが出てきても，株価は下がることもあれば，逆に経済・会社・株式の悪いニュースが出てきても，株価は上がることがあります。

　株式格言の1つに「知ったら終わり」「噂で買って，事実で売れ」「噂で売って，事実で買い戻せ」というものがあります。「経済・会社・株式の良いニュースが出てきそうだから」というのは噂であり，そのときに株式を購入して，「経済・会社・株式の良いニュースが出てきた」というのは事実であり，いわゆる「材料出尽くし」で，「もはやこれ以上に良いニュースは出てこない」ということで株式は売られ，株価は下がって損失をこうむることがあります。つまり，経済・会社・株式の良いニュースが出てきたとしても，株価は下がることがあります。逆に，「経済・会社・株式の悪いニュースが出てきそうだから」というのは噂であり，そのときに株式を売却して，「経済・会社・株式の悪いニュースが出てきた」というのは事実であり，いわゆる「材料出尽くし」で，「もはやこれ以上に悪いニュースは出てこない」ということで株式は買われ，株価は上がって利益を得られないことがあります。つまり，経済・会社・株式の悪いニュースが出てきたとしても，株価は上がることがあります。

5 「株探」を利用しながらの株式売買の実践による学び

　「株探」を利用した学びは「リアル感」はあると思いますが，それでもやはり「机上の学び」にすぎません。株式の売買を行えば損失を出すことはありますし，某有名ファンド運営者と会食したときに，運用プロの世界でも３勝７敗，２勝８敗くらいと聞きました。損失が出たときは「授業料を払った」ものと思って，株式売買の実践による学びを行い，貴重な経験から，次回の利益につなげましょう。

6 銘柄（会社）には４桁のコードがついている

　会社のコード（証券コード）を見ると，その会社がどの業種であるかがわかります。ただし，最近では，銘柄数が増えたため，コード番号が業種区分に沿っていない場合があります。

```
1300番台：水産・農林業
1500番台：鉱業
1600番台：石油ガス開発
1700番台〜1900番台：建設業
2000番台：食料品
3000番台：繊維製品，パルプ・紙
4000番台：化学，医薬品
5000番台：資源，素材
6000番台：機械，電機
7000番台：自動車，輸送用機器
8000番台：金融，商業
9000番台：運輸，通信，放送，ソフトウェア
```

図表2－2 「株探」の「株探検隊」（コード入力）画面

出所：「株探」（https://kabutan.jp）

　「株探」トップページの上画面には「株探検隊」があり，その右の空欄に「銘柄のコード（4桁）」あるいは「会社名」を入力し，その右の「検索」にマウスポインタをあてクリックしましょう。その銘柄の画面が出てきます。画面には「銘柄コード（証券コード）」「会社名」「市場名」「株価」などが表示され，さらに株価の下に「基本情報」「チャート」「時系列」「ニュース」「決算」「大株主」「リポート」があります。

図表2-3 「株探」の個別銘柄（ミンカブ）の「基本情報」画面

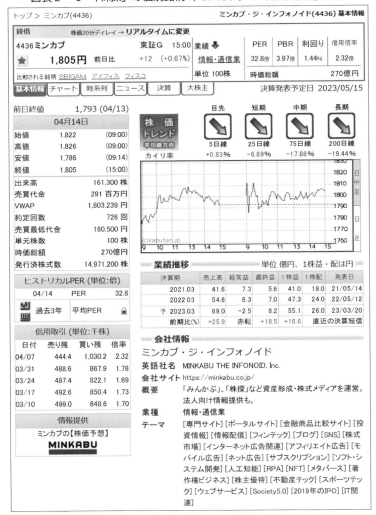

出所：「株探」（https://kabutan.jp/stock/?code= 4436）

7 株価：
「始値」「高値」「安値」「終値」と 「VWAP」（売買高加重平均株価）

　個別銘柄の「基本情報」画面の月日の上に「前日終値」，下に「始値（はじめね）」「高値（たかね）」「安値（やすね）」「現在値（終値：おわりね）」が表示されています。

　株式市場は9：00〜11：30，12：30〜15：00に開いていて，その間に売買をします。

　9：00〜11：30の午前中の市場は「前場（ぜんば）」

　12：30〜15：00の午後の市場は「後場（ごば）」

とそれぞれ呼ばれ，9：00の価格は「始値」，15：00の価格は「終値」とそれぞれ呼ばれています。1日のうちの最高価格は「高値」，最低価格は「安値」とそれぞれ呼ばれています。「始値」「高値」「安値」「終値」はあわせて4本値と呼ばれ，4本値は「日足（ひあし）」を描くのに用いられます。

　さて，2人の人が，本日1日で，一方は大口で10万株を900円，他方は小口で1千株を1,000円で買ったとしましょう。1日の株価の平均はいくらでしょうか。単純平均は「（900円＋1,000円）／2＝950円」ですが，これは大口，小口の取引の重みを反映していません。大口の重みは10万／（10万＋1千）＝99％，小口の重みは1千／（10万＋1千）＝1％であり，これらの売買高の重みを考慮すれば，「99％×900円＋1％×1,000円＝901円」であり，これが「売買高加重平均株価（VWAP）」と呼ばれる株価です。1日の間では，さまざまな株価で売買されていますが，「本日の株価」と言えば「売買高加重平均株価（VWAP）」です。買い指し値（さしね）注文を

出すときには，現在の株価ではなく，「本日の株価」である「売買高加重平均株価（VWAP）」を念頭におきましょう。

 8　出来高（売買高）と「単元株数」

　個別銘柄の「基本情報」画面に現時点の「出来高（できだか）」「売買代金」が表示されています。出来高は個別銘柄の人気度のバロメーターです。個別銘柄画面の「時系列」画面には，１年超の期間にわたる市場開会日ごとの「始値」「高値」「安値」「終値」の４本値，「終値」の「前日比」（株価変動幅），「終値」の「前日比％」

図表２−４　「株探」の個別銘柄「時系列」画面

トップ ＞ ミンカブ(4436) ＞ 時系列			ミンカブ・ジ・インフォノイド(4436) 日足四本値					
貸借	株価20分ディレイ → リアルタイムに変更							
4436 ミンカブ		東証G　15:00	業績 ⬇	PER	PBR	利回り	信用倍率	
★　　1,805円	前日比　+12 (+0.67%)		情報・通信業	32.8倍	3.97倍	1.44%	2.32倍	
比較される銘柄 SBIGAM, アイフィス, フィスコ			単位 100株	時価総額			270億円	

| 基本情報 | チャート | 時系列 | ニュース | 決算 | 大株主 | 決算発表予定日 2023/05/15 |

—— 時系列株価 ——						ヒストリカルPER		
日足	週足	週次信用残	月足	年足		日次	週次	月次

52週高値　3,015 (22/06/09)　　52週安値　1,735 (22/09/28)
年初来高値　2,742 (23/01/06)　　年初来安値　1,757 (23/04/12)

本日	始値	高値	安値	終値	前日比	前日比％	売買高(株)
23/04/14	1,822	1,826	1,786	1,805	+12	+0.7	161,300

1 2 3 4 5 6 7 8 9 次へ＞ ≫

日付	始値	高値	安値	終値	前日比	前日比％	売買高(株)
23/04/13	1,780	1,813	1,765	1,793	−13	−0.7	157,400
23/04/12	1,786	1,815	1,757	1,806	+25	+1.4	178,900
23/04/11	1,788	1,818	1,761	1,781	+15	+0.8	203,800
23/04/10	1,804	1,825	1,765	1,766	−44	−2.4	250,300
23/04/07	1,833	1,836	1,790	1,810	0	0.0	175,400
23/04/06	1,798	1,818	1,774	1,810	+3	+0.2	315,900
23/04/05	1,861	1,864	1,804	1,807	−59	−3.2	247,700
23/04/04	1,920	1,920	1,863	1,866	−49	−2.6	217,200
23/04/03	1,940	1,950	1,906	1,915	−33	−1.7	206,800
23/03/31	1,982	1,997	1,930	1,948	−26	−1.3	186,800
23/03/30	2,020	2,027	1,974	1,974	−44	−2.2	147,800

出所：「株探」（https://kabutan.jp/stock/kabuka?code＝4436）

（株価変動率）および「売買高（株）」が表示されています。

「単元株数」は株式を買う・売るときの注文単位株数です。「売買最低代金」は「現在の株価（現在値）×単元株数」であり，株式を買う・売るときの最小金額です。

9　時価総額：大型株，中型株，小型株

上場会社数は2023年2月17日現在，プライム市場1,837社，スタンダード市場1,447社，グロース市場515社，TOKYO PRO Market 69社の合計3,868社です。「時価総額」（株式時価総額）は「現在の株価（現在値）×発行済み株式数」であり，東京証券取引所は，時価総額上位100位を「大型株」，100位〜500位を「中型株」，501位以下を「小型株」と定義しています。「株探」「トップ」画面の右下には「東証大型株」「東証中型株」「東証小型株」が表示されています。それらは，TOPIX構成銘柄のうち，時価総額と流動性（売買代金）の大きさによって上位100位，100位〜500位，501位以下からそれぞれ構成される時価総額加重型の株価指数です。

① 　東証規模別株価指数（大型）：「東証大型株」
② 　東証規模別株価指数（中型）：「東証中型株」
③ 　東証規模別株価指数（小型）：「東証小型株」

機関投資家の主戦場は「大型株」市場，個人投資家の主戦場は「中型株」「小型株」市場です。売買している銘柄が「大型株」「中型株」「小型株」のいずれであるのかを知っておきましょう。

図表2－5 「株探」「トップ」画面の大型・中型・小型株

【国内】指標	04月14日 15:00現在	
日経平均	28,493.47	+336.50
ＴＯＰＩＸ	2,018.72	+10.79
JPX日経400	18,214.35	+108.90
東証マザーズ	756.57	+5.80
東証 大型株	1,928.44	+11.29
東証 中型株	2,262.06	+9.73
東証 小型株	3,595.67	+18.14
東証REIT指数	1,814.11	+13.67

出所：「株探」（https://kabutan.jp）

10 「会社情報」

　個別銘柄の「基本情報」画面には「会社情報」があり，「概要」「業種」「テーマ」があります。

① 「会社サイト」のURL（「https：」で始まるホームページの住所）をクリックすると，会社のホームページを開くことができ，会社についてより詳しく知ることができます。

② 「テーマ」にあるさまざまなテーマ名をクリックすると，その株式テーマの関連銘柄一覧を開くことができます。

11 個別銘柄の時系列情報

　個別銘柄の「時系列」画面には，「年初来高値」「年初来安値」「日々株価」「週間株価」「週次信用残」「月間株価」「年間株価」があります。

(1) 株価：

「年初来高値 vs. 年初来安値」「日々株価」「週間株価」「月間株価」「年間株価」

　現在の株価が「年初来高値」と「年初来安値」の間のどのあたりに位置しているのかを知っておきましょう。つまり，現在の株価が「年初来高値」に近い高値圏にあるのか，「年初来安値」に近い安値圏にあるのかを知っておきましょう。それぞれの時間的視野の株価の推移を知り，現在の株価の位置付けを知っておきましょう。

(2) 信用取引の「売り残 vs. 買い残」：「週次信用残」

　「信用取引」とは，お金を借りて株式を買うこと（信用買い），あるいは株式を借りて株式を売ること（信用売り）です。買った株式が値上がりすれば，売却金で借りたお金を返済し，そのうえで利益が残り，逆に，売った株式が値下がりすれば，買い戻して株式を返済し，そのうえで利益が残ります。信用買い残高は将来の売りの控え，信用売り残高は将来の買いの控えです。

　「週次信用残」画面には「売り残：うりざん」（信用取引の売り残高），「買い残：かいざん」（信用取引の買い残高），「倍率」（信用倍率：買い残高／売り残高）が表示されています。「売り残」（将来の買い圧力），「買い残」（将来の売り圧力）の変化を知っておきましょう。

🌱12　株価の上昇率・下落率

　「株探」トップメニューの「市場マップ」をクリックすると，「市場マップβ版」が出てきます。「株価動向分布」画面の「上昇・下

落率」をクリックすると，株価の上昇率・下落率の「−10％以上の下落率」（株価の大きい下落率）〜「＋10％以上の上昇率」（株価の大きい上昇率）が11段階で色分けされています。対前日終値と比べた本日の終値の上昇率・下落率の分布であり，「ストップ高（赤字のＳ）」「ストップ安（青字のＳ）」も明記されています。株価には１日のうちで，高くなっても上限があり，安くなっても下限があります。株価がこの上限まで上昇することは「ストップ高」，この下限まで下落することは「ストップ安」とそれぞれ呼ばれています。

図表２−６　「株探」の「市場マップβ版」画面

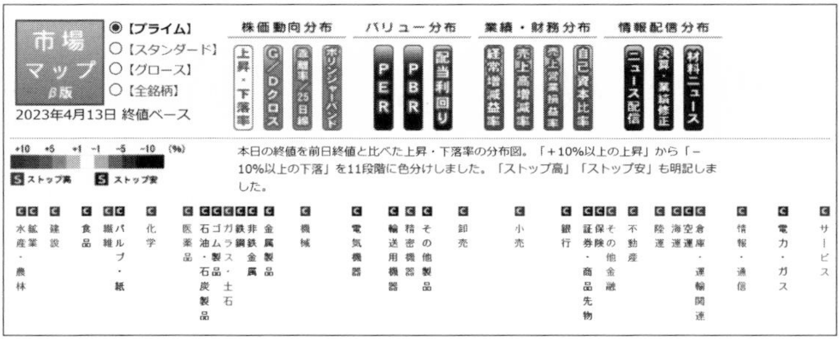

出所：「株探」（https://kabutan.jp/distribution-map/）

【知っておきましょう】 ミニ株（1株）で人気ネット証券

サービス	楽天証券	マネックス証券	SBI証券
特徴	NISAも充実 楽天ポイント貯まる	IPOも狙い目 海外株も充実	手数料が安い 世界10カ国株対応
ミニ株	◎ 対応	◎ 対応	◎ 対応
買付 手数料	◎ 無料	◎ 無料	◎ 無料
売却 手数料	◎ 11円～	△ 55円～	△ 55円～
ポイント 投資	○	○	○
口コミ	🏵	◎	◎
サイト	公式ページ	公式ページ	公式ページ

出所：https://navinavi.club/kabu/s/?cam=01_l&sd=1&gr_no=0001&ad_
no=1&yclid=YSS.1000237806.EAIaIQobChMIusyj8NDM_wIVKcsWB
R3vKAuSEAAYASAAEgLNJfD_BwE（2023年6月9日閲覧）より作成。

感情と調和する情報・出来事 vs.
感情と調和しない情報・出来事

　失業率の上昇という事実（情報）を取り上げましょう。事実は1つですが，「強気派 vs. 弱気派」では解釈が異なります。つまり，同じものを見ても，メガネが異なれば，違ったものに見えるものです。

(1)　株価上昇を期待している投資家（強気派）は「失業率の上昇は将来のインフレ懸念を低下させる，したがって金利を下げる」ものと解釈し，株価の上昇を予想します。

(2)　株価下落を期待している投資家（弱気派）は「失業率の上昇は景気悪化を意味し，会社の将来の利益を減少させる」ものと解釈し，株価の下落を予想します。

　株価を上昇・下落させるニュースは「株価材料」と呼ばれ，株価を上げそうであるニュースは「好材料」，逆に株価を下げそうであるニュースは「悪材料」とそれぞれ呼ばれています。投資家心理は，

(1)　保有していない銘柄については，「好材料」「悪材料」に対して冷静に聞く耳をもっています。

(2)　保有している銘柄については，「好材料」に対して大いに聞く耳をもつが，「悪材料」に対してはやや聞く耳を持ちません。

　つまり，投資家心理は，保有している株式にとって都合のよい情報を再確認したがる，さまざまな情報の中から，都合のよい情報だけを取り上げる傾向があります。成功する投資家は偏見をもたず，つねに冷静で，中立な判断をできる人であり，逆に失敗する投資家は偏見をもち，冷静かつ中立判断をできない人です。

第3章
株式購入のスタンス:
長期運用 vs. 短期運用

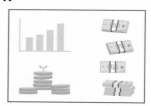

🎁 1 シクリカル株 vs. ディフェンシブ株

株式は「シクリカル株」と「ディフェンシブ株」に分類されます。

① シクリカル株

シクリカル株は，景気の良い悪いに敏感な銘柄であり，化学，鉄鋼，機械，電機，自動車，人材派遣，テレビ放送，広告などの業界の株式です。

② ディフェンシブ株

ディフェンシブ株は，景気の良い悪いに左右されにくい銘柄であり，食品，医薬品，鉄道，ガスなどの業界の株式です。

飲食，小売りなどの業界の株式は景気に左右されますが，シクリカル株ほど景気に敏感ではなく，むしろディフェンシブ株に近いです。

🎁 2 株式購入の7つのスタンスと投資指針

(1) ウォーレン・バフェット型の投資スタンス：
超長期投資

　株式投資の入門書には必ず米国の投資家「ウォーレン・エドワード・バフェット」さんが出てきます。バフェットは株式投資の神様のように称えられ，完全模倣するとすれば，それは「ふだんの政治・経済・社会ニュースをいっさい無視し，ひたすら『会社四季報』『日経会社情報』を読んで，買う銘柄を1つ，2つだけ選び，それらを15〜20年間集中保有する」というタイプです。すなわち，

① 「売上高営業利益率［（営業利益／売上高）×100］が高い」

② 「増収増益が続く」（売上高の高い伸び率，営業利益の高い伸び率が続く）：「最高益連続更新」「連続増配」

③ 「ニッチ企業である」：他社に絶対負けない安定した収益源，世界的ブランド力

の3条件を満たす会社の株式を購入し，超長期保有することです。ここで，「ニッチ企業」とは，大企業がターゲットにしないような小さな市場や，潜在的にはニーズがあるが，まだビジネスの対象として考えられていないような分野で確固として，継続的に好業績である企業です。

(2) 好業績＆PER割安株投資型の投資スタンス：
長期投資

① 「配当利回りが高い」

② 「PER（ピーイーアール）が低い」

の2条件を満たす会社の株式，つまり好業績（配当利回りが高い）

であるにもかかわらず出遅れている（PERが低い）株式を購入し，
長期保有するタイプです。「好業績＆PER割安株」は利益面から見
た株価の理論値は高いが，株価の実際値が低いままで割安の状態に
おかれている株式です。

(3)　好業績＆PBR割安株投資型の投資スタンス： 長期投資

① 「ROE（自己資本利益率：アールオーイー）〔（営業利益／自己
　資本）×100〕が高い」
② 「PBR（ピービーアール）が低い」
の2条件を満たす会社の株式，つまり好業績（ROEが高い）であ
るにもかかわらず出遅れている（PBRが低い）株式を購入し，長
期保有するタイプです。「好業績＆PBR割安株」は純資産面から見
た株価の理論値は高いが，株価の実際値が低いままで割安の状態に
おかれている株式です。

(4)　アノマリー投資型の投資スタンス： 1 年間，半年間の投資

　株価にクセ（規則性）のある株式があります。株価のクセは理論
の話ではなく，経験の話です。理論でははっきりと説明はできない
ものの，経験的に観測できる規則性は「アノマリー（変異性）」と
呼ばれ，株価の経験的に観測できる規則性に基づく株式投資は「ア
ノマリー投資」と呼ばれています。たとえば「配当・優待の権利落
ち日に向かって株価が上昇し，権利落ち日に急落し，そのあとすぐ
に急上昇に転ずる」（配当アノマリー），「節分天井，彼岸底（節分
天井以降，3月中旬まで株価は下がりやすい）」などの経験則を利
用して投資を行うスタンスです。

(5) 株価チャート（「株価は株価に聞け」）を利用した投資スタンス：短期投資

　株価の中にファンダメンタルズ情報（政治・経済・社会ニュース，産業ニュース，会社ニュースなど）が含まれているとみなし，「株価は株価に聞け」というスタンスで，株価チャートを利用して，「買いタイミング」「売りタイミング」を見つけ，短期で売買するタイプです。

(6) デイトレード型投資：超短期投資

　1日の中で，株式を買ったり，売ったりすることは「デイトレード」と呼ばれています。
① 「株価上昇率ランキングが高い」
② 「5分足チャートが右上がり」
の2条件を満たす株式を午前中に「高く買って，さらに高く売る」ことです。
　「安く買って，高く売る」を繰り返し行えばよいのですが，安く買える株式は株価が右下がりに転じてしまったのかもしれません。

(7) IPO（新規株式公開，新規上場）銘柄投資

　IPO（アイピーオー）銘柄については，PER（株価／1株当期純利益），PBR（株価／1株純資産）は分かりますが，いかんせん，株価についての過去のデータがないので，割安・割高を正当に評価しにくいところがあります。「株価は株価に聞け」というテクニカル（チャート）分析もできないし，株価がどれくらいまで上昇しうるのか，逆にどれくらいまで下落するのかの見当もまったくつきません。まさに，未知なる世界へ入るのがIPO銘柄ですが，株式市場

の本質の1つは「夢追い」であるので，「宝くじ」の感覚で，IPO
銘柄を少し買うのもありうるでしょう。まずは売り出し価格（公開
価格）で買えるように抽選応募する，次に初値（新規上場されたと
きの株価）が成立してから，いわゆる「売り枯れ」が生じるのを
待って買いましょう。

3　投資スタンス：短期売買 vs. 長期売買

　株式を売買する前に，株式の保有期間を決定しておかねばなりま
せん。というのは，「投資スタンス：短期売買 vs. 長期売買」によ
り，利用する株式投資情報が異なるからです。

(1)　長期（3カ月以上，1年，3年）の株式売買：「ファンダメンタルズで探す」

　長期の株式投資家は，『会社四季報』『日経会社情報』を利用し，
「何を買えばよいのか」「何を売ればよいのか」を決めます。『会社
四季報』『日経会社情報』は3カ月ごとに出版されますが，みなさ
んは同書を購入する必要はまったくありません。「株探」は『会社
四季報』『日経会社情報』に記載されている主要な株式情報を提供
しています。
　「株探」トップメニューの「銘柄探検」をクリックすると，「ファ
ンダメンタルズで探す」と「テクニカルで探す」の2つが出てきま
す。
　長期の株式投資家は「銘柄探検」の「ファンダメンタルズで探
す」画面を利用して銘柄を選びます。長期では，株価の動向よりは，
産業の状態，会社の業績が重要視されます。

図表 3 - 1 「株探」の「ファンダメンタルズで探す」「テクニカルで探す」画面

トップ ＞ 銘柄探検

銘柄探検

| ファンダメンタルズで探す | テクニカルで探す |

業績上方修正が有望銘柄

- 【第1四半期】時点　中間期上振れ　有望銘柄
- 【第1四半期】時点　通期上振れ　有望銘柄
- 【中間期】時点　　　通期上振れ　有望銘柄
- 【第3四半期】時点　通期上振れ　有望銘柄

今期【最高益更新】銘柄

- 最高益を見込む【増益率】ベスト100
- 【連続最高益】銘柄リスト
- 最高益"大復活"銘柄リスト

通期「連続増加中」銘柄

- 「売上高」連続増収ランキング NEW
- 「営業利益」連続増益ランキング NEW
- 「経常利益」連続増益ランキング NEW
- 「1株利益」連続増加ランキング NEW
- 「配当」連続増配ランキング NEW

四半期「連続増加中」銘柄

- 「売上高」連続増収ランキング NEW
- 「営業利益」連続増益ランキング NEW
- 「経常利益」連続増益ランキング NEW
- 「1株利益」連続増加ランキング NEW

3ヵ月(四半期)決算で注目銘柄

- 【営業増益率】ベスト100

海外投資家が重視する「ROE」注目銘柄

- 今期【高ROE】ベスト100
- 【経営効率化が続く】銘柄リスト

買いの候補

- 5日と25日移動平均線のゴールデンクロス
- 移動平均線上昇トレンド銘柄
- 25日線マイナスカイリ －10%以上

売りの候補

- 5日と25日移動平均線のデッドクロス
- 移動平均線下降トレンド銘柄
- 25日線プラスカイリ ＋10%以上

デイトレ向き

- 出来高急増銘柄

トレンド追随型の指標【主に順張り】

- 一目均衡表「3役好転」
- 一目均衡表「3役逆転」
- パラボリック陽転
- パラボリック陰転
- 新値3本足陽転
- 新値3本足陰転

オシレーター系の指標【主に逆張り】

- RSI（14日線）20%以下
- RSI（14日線）80%以上
- MACD/買いシグナル
- MACD/売りシグナル

出所：「株探」（https://kabutan.jp/tansaku/）

⑵　短期（１日，１カ月，３カ月未満）の株式売買：
「テクニカルで探す」

　『会社四季報』『日経会社情報』は３カ月ごとにしか出版されませんが，ふだんの政治・経済・社会ニュースは刻々と報道されます。短期の株式投資家は，ふだんの政治・経済・社会ニュースを利用し，「何を買えばよいのか」「何を売ればよいのか」を決めます。政治・経済・社会ニュースは株価に刻々と反映されているので，短期の株式投資家は「株価の動き」を見て「何を買えばよいのか」「何を売ればよいのか」を決めます。

　短期の株式投資家は「銘柄探検」の「テクニカルで探す」画面を利用して銘柄を選びます。短期ですので，産業の状態，会社の業績よりは，株価の動向そのものが重要視されます。

🌱 ４　株式投資で「成功している人 vs. 失敗している人」

　株式投資で成功している人は，以下の５つの特徴をもっています。

①　投資の原理原則を忠実に実践している

　株式投資の成功・失敗はもちろん「運」にも左右されますが，株式投資には原理原則があります。本書はその原理原則を紹介していますが，株式投資に失敗している人は「運」頼みの人であり，成功している人は投資の原理原則を忠実に実践しています。

②　「休むも相場」を実行している

　株式売買をしばらくの間行わないことは冷静な判断を取り戻すきっかけになるというのが，「休むも相場」の意味です。株式投資に失敗している人は必死に，焦って投資を行っていますが，成

功している人は休みながら，焦らずに投資を行っています。

③　ムラなく投資を実践している

「休むも相場」ですが，株式投資に失敗している人はムラのある投資活動を行い，成功している人はコンスタントに投資活動を行っています。つまり，成功している人はニュースを見る・眺める，株価チャートを把握する，会社業績をチェックする，購入している株式の利益・損失状況を確認し銘柄の入れ替えを定期的に行うなどなどを継続して行っています。

④　損切りができる

機関投資家でさえ，株式運用の成功率は2勝8敗，あるいは3勝7敗程度です。失敗は必ずあり，むしろ失敗の回数の方が多いのです。問題はその失敗が致命傷になるか否かです。株式投資に失敗している人は損切りに失敗して，大きな損失を出すことになり，投資を継続できない致命傷を負いますが，成功している人は損切りに成功して，損失を小さなものにすることができ，他の銘柄の利益で挽回しています。利益が出ている銘柄を売るときに損失が出ている銘柄を一緒に売ると「損切り」しやすいでしょう。

⑤　売買の根拠を明確にできる

損切りができるか否かは，売買の根拠を明確にしているか否かにかかわっています。株式投資に成功している人は，買う理由を，売る理由を明確にもっているので，状況が変わって買う理由・売る理由が崩れると，そこですぐさま反対売買して，損失を小さなものに抑えることができます。失敗している人は，買う理由を，売る理由を明確にもっていないので，状況が変わって買う理由・売る理由が崩れても，そのまま保有し続け，損切りに失敗して，致命的な損失を被ります。

【知っておきましょう】　ウォーレン・バフェットの
10の株式格言

1　少額でいいですから，投資をして下さい。本を読むだけではダメです。

2　潮が引いたら誰が裸で泳いでいたかわかる。

3　株式投資の極意は，良い銘柄を見つけて，良いタイミングで買い，良い銘柄である限りそれを持ち続けること，これに尽きる。

4　第1のルールは絶対に損をしないこと。第2のルールは第1のルールを決して忘れないこと。

5　リスクをもたらすのは，自分の行動を理解していないことだ。

6　証券会社のレポートは読みません。理髪店に行って「散髪した方がいいかな」と聞くようなものだからです。

7　独力で考えなかったら，投資では成功しない。

8　自分の能力の範囲で投資しなさい。

9　今日や明日，来月に株価が上がろうが下がろうが，私にはどうでもいいのです。

10　優れた企業というのは，25年から30年にわたって優れた状態でいる企業のことである。

銘柄選びの
「自らの意思決定 vs. 他人の推薦」

　同じ銘柄を購入するのに，自らの意思決定により行うのと，他人に薦められて行うのとでは違いがあるのでしょうか。行動ファイナンスでは，意思決定に対する責任は「コミットメント」と呼ばれ，同じ銘柄であっても，自らの意思決定により購入したときには「思い入れ」があるので「コミットメント」が強くなり，他人の推薦により購入したときには「思い入れ」がないので「コミットメント」が弱くなります。

　そうすると，株価が下がって，含み損をかかえることになったとき，他人の推薦により購入したときは「損切り」しやすいが，自らの意思決定により購入したときは「損切り」しにくいものです。

　銘柄の購入はいずれにせよいったん行った意思決定であるが，その意思決定を「損切り」という形でひっくり返すのは，自らの意思決定により購入したときは，他人の推薦により購入したときと比べて，格段に難しいものであり，銘柄への思い入れ（コミットメント）は投資家の株式売買判断の歪みをもたらします。したがって，投資家が合理的判断を行うためには，その銘柄に対してどの程度の思い入れ（コミットメント）をもっているのかを自己認識しなければなりません。

第4章
経済ニュースを学ぶ

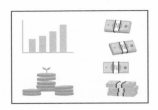

 1　株価と景気：「業績相場」「逆業績相場」

　「株価＝PER×利益」であるので，株価はPER（株価収益率：
倍）（株式に対する評価）と会社の利益によって決定されます。

① 　株価はPERが上がれば上昇し，下がれば下落します。PERは
金利（債券の魅力）と投資家心理によって影響されます。「金利
低下ニュース→ PER上昇→株価上昇，投資家心理改善ニュース
→PER上昇→株価上昇」「金利上昇ニュース→PER低下→株価下
落，投資家心理悪化ニュース→PER低下→株価下落」です。

② 　株価は会社の利益が増えれば上昇し，減れば下落します。会社
の利益は景気によって影響されます。「景気改善期待ニュース→
利益増大→株価上昇」「景気悪化懸念ニュース→利益減少→株価
下落」です。

　そして，金利と景気は相互に影響を及ぼし合い，それが次のよう
な株価サイクルを生みます。つまり，「景気が悪くなれば金利が引
き下げられ，株価は上昇します」（金融相場：PER上昇による株価
上昇），「金利が下がれば景気は良くなり，株価は上昇します」（業

績相場：利益増大による株価上昇)，「景気が良くなり過ぎれば金利が引き上げられ，株価は下落します」(逆金融相場：PER低下による株価下落)，「金利が引き上がれば景気が悪くなり，株価が下落します」(逆業績相場：利益減少による株価下落)。これが「金融相場→業績相場→逆金融相場→逆業績相場」といった株価サイクルです。

図表 4 − 1　金融相場 vs. 業績相場

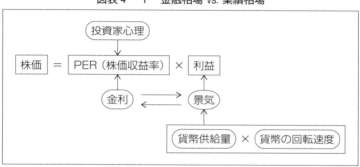

2　株価と貨幣供給量

　日本銀行が金融緩和政策を行い，民間部門に対して貨幣の供給を増やし，民間部門が増えた貨幣量で株式を買えば株高，国債を買えば国債価格高（国債利回り低下），土地を買えば地価高，ドルを買えばドル高（円安）です。逆に，日本銀行が金融引き締め政策を行い，民間部門から貨幣量を回収するようになると，中央銀行は国債・株式などを売り，それは国債価格低下（国債利回り上昇），株安などをもたらします。

　「貨幣供給量×貨幣の回転速度＝GDP（景気）」であるので，貨幣供給量が増えても，貨幣の回転速度（カネ回りの速さ）が上昇し

ても景気は良くなり，逆に貨幣供給量が減っても，貨幣の回転速度が低下しても景気は悪くなります。貨幣の回転速度は，物価が上昇しつつあるとき，つまりインフレーションのときは上昇し，逆に物価が下落しつつあるとき，つまりデフレーションのときは低下します。

　ですから，「貨幣供給量増大ニュース→株高」「貨幣の回転速度上昇→株高」「貨幣供給量減少ニュース→株安」「貨幣の回転速度低下→株安」です。

3　株価と金利：「金融相場」「逆金融相場」

　「株価＝PER×利益」であり，PERは金利と投資家心理に依存しているので，「金利低下ニュース→PER上昇→株価上昇」「金利上昇ニュース→PER低下→株価下落」です。

　経済のメカニズムは「貨幣供給量（マネタリーベース→マネーストック）→短期金利→長期金利→投資→GDP」であり，金利には短期金利と長期金利があります。短期金利は日本銀行によってコントロールされている政策金利（コールレート），長期金利は日本銀行と国債市場によって決まる国債利回りであり，株価は長期金利（国債利回り）の影響を受けます。つまり，「国債利回り低下→PER上昇→株価上昇」「国債利回り上昇→PER低下→株価下落」です。

　1年満期の短期金利と2年満期の長期金利の関係は，

　「長期金利(年率)＝(現在の短期金利＋将来の予想短期金利)／2」

であるので，長期金利は日本銀行によってコントロールされている現在の短期金利と，日本銀行によってコントロールしきれない将来の予想短期金利の影響を受けます。

　ですから，「金利低下期待ニュース→将来の予想短期金利低下→長

期金利低下→株高」「金利先高懸念ニュース→将来の予想短期金利
上昇→長期金利上昇→株安」です。

 4　株価と為替レート

「株価＝PER×利益」であり，「景気改善期待→利益増大→株価
上昇」「景気悪化懸念→利益減少→株価下落」です。

為替レートは英語のexchange rateを訳したものであるが，直訳
は交換比率です。日常生活では円と車の交換比率は車の価格ですが，
経済ニュースの世界では円とドルの交換比率はドルの価格とは言わ
ずに「為替レート」と呼ばれています。しかし，為替レートと呼ぶ
から難しいのであって，「1ドル＝135円」はドルの価格なのです。

そうすると，会社の中でも，輸出企業は外国にモノを売ってドル
を受け取るので，ドル高は利益を増やします。逆に，輸入企業は外
国からモノを買ってドルを支払うので，ドル高は利益を減らします。

ですから，「ドル高・円安ニュース→輸出企業の利益増大→輸出
企業の株価上昇」「ドル高・円安ニュース→輸入企業の利益減少→
輸入企業の株価下落」「ドル安・円高ニュース→輸出企業の利益減
少→輸出企業の株価下落」「ドル安・円高ニュース→輸入企業の利
益増大→輸入企業の株価上昇」です。

ドルの価格は，米国の金利が上昇すれば，米国の物価が低下すれ
ば，米国の景気が良くなれば，米国の財政赤字が減れば，米国の経
常収支が改善すれば，上昇します。逆に，米国の金利が低下すれば，
米国の物価が上昇すれば，米国の景気が悪くなれば，米国の財政赤
字が増えれば，米国の経常収支が悪化すれば，下落します。

図表4－2　為替レート（ドルのねだん vs. 円のねだん）

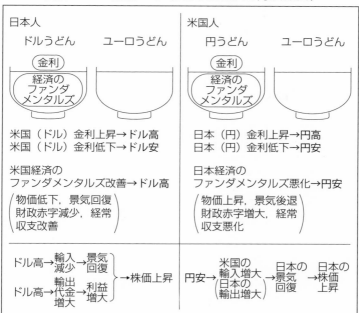

「株探」の「トップ」画面の最上部には「米ドル円」が表示されています。また，同画面の右サイドには「米ドル円」「ユーロ／円」が表示されています。

🎍 5　株価と原油価格

　原油価格の株価への影響は，原油の価格水準と変化の大きさによります。原油価格の適正水準は「1バレル＝70〜80ドルくらい」であると思います。原油価格が，70〜80ドルを大幅に下回って大きく下げたり，逆に70〜80ドルを上回って大きく上げたりすると，株価

は下落します。そうでないかぎり，原油価格の変化の株価への影響はほとんどありません。

「株探」「トップ」画面の右サイドにはNY（WTI）原油価格が表示されています。

6　株価と金価格

金は「世界貨幣」「無国籍貨幣」と呼ばれています。債券を買えば利息，株式を買えば配当をもらえますが，金を保有していても何ももらえません。金は値上がり益だけを期待する商品です。その何も生まない金が値上がりすることは，他の商品（債券，株式，外国通貨など）が値下がりしそうだからです。金価格は金融経済の不確実性が高まったときに上昇するので，株価とはまったく正反対の動きをします。

株価が大きく上昇しているときは金価格は下がり，逆に，株価が大きく下落しているときは金価格は上がります。「株探」「トップ」画面の右サイドにはNY金価格が表示されています。

【知っておきましょう】　ChatGPTを用いて
経済・産業・会社ニュースを理解

経済・産業・会社ニュースを理解するために，わからないことは，いま話題の対話型AI（人工知能）ChatGPTに教えてもらえばよいでしょう。パソコンでのChatGPTの導入と保存の手順は以下のとおりです。ChatGPTの導入手続きは日本語画面はなく，すべて英語画面で行われますが，導入完了時からの質問入力は日本語，英語のいずれでも行うことができます。

1　Googleあるいはyahooの検索画面で「chatgpt」と入力します。

2　「chatgpt」についてのさまざまな項目が出てくるので，その中の「Introducing ChatGPT」（https://openai.com/blog/chatgpt）をクリックします。

3　「Introducing ChatGPT」画面が出てくるので，画面左下にある「Try ChatGPT」をクリックします。

4　「Welcome to ChatGPT」画面が出てきて，そのなかに左に「Log in」，右に「Sign up」が出てきますので，「Sign up」をクリックします。

5　「Create your account」画面が出て来ます。上段に「メールアドレス」を入力し，「Continue」をクリックします。

6　つづいて下段に８ケタの英数字の「パスワード」を入力し，「Continue」をクリックします。

7　「Verify your email」画面が出てきます。すると，みなさんのメールにChatGPTからメール（メールアドレス認証のメール）が送られてくるので，それを開きましょう。そして，メール文の中の「Verify email address」をクリックします。

8 「Tell us about you」画面が出てきます。あなたの名前が坂本龍馬であれば，まず左の「First name」欄に「RYOUMA」，右の「Last name」欄に「SAKAMOTO」と入力し，「Continue」をクリックします。

9 「Verify your phone number」画面が出てきます。「すでに＋81」と記載されてあります。そこで，あなたの携帯電話番号が「090-1234-5678」であれば，頭の0を取って，「9012345678」と入力しましょう。

10 すると，あなたの携帯電話にChatGPTから6ケタのコード番号が送られてきます。

11 「Enter code」画面が出てくるので，空欄に送付されてきた6ケタの数字，たとえば654321であれば，「654321」と入力しましょう。

12 これでChatGPTの導入（登録）は完了し，画面の下には「Send a message」欄が出てきます。この中に，日本語でも，英語でも，質問，たとえば「マスクはいつまで付けるのですか」と書き込み，その欄の右の紙飛行機のマークをクリックすると，回答が出てきます。さらに，「英語で言ってください」と書き込むと，英語での回答が返ってきます。

13 この画面を「お気に入り」に保存しておきましょう。次回は，「お気に入り」から「Introducing ChatGPT」画面を出し，画面左下にある「Try ChatGPT」をクリックすると，「ChatGPT」画面が出てきて，画面の下には「Send a message」欄がありますので，質問を入力しましょう。

【知っておきましょう】　経済指標カレンダー　予想＆速報

時間	指標名		重要度	前回ドル円変動幅	前回(改定)	予想	結果
2023年06月10日(土)							
01:00	■■ ロシア・消費者物価指数（CPI）05月	[前月比]	★★★☆☆	+1.0pips	0.4%	0.2%	0.3%
2023年06月12日(月)							
08:50	● 日本・国内企業物価 05月	[前月比]	★★☆☆☆	-4.7pips	0.2%(0.3%)	0.1%	-0.7%
08:50	● 日本・国内企業物価 05月	[前年比]	★★☆☆☆	-4.7pips	5.8%(5.9%)	5.7%	5.1%
12:05	■■ インドネシア・消費者信頼感指数 05月		★★☆☆☆	+3.9pips	126.1	---	128.3
16:00	■■ トルコ・経常収支 04月		★★☆☆☆	+17.2pips	-44.8億ドル(-49.0億ドル)	-44.0億ドル	-54.0億ドル
16:00	■■ トルコ・雇用統計 04月	[失業率]	★☆☆☆☆	+2.1pips	10.0%(10.1%)	---	10.2%
21:00	■■ インド・消費者物価指数（CPI）05月	[前年比]	★★★☆☆	+4.4pips	4.70%	4.40%	4.25%
21:00	■■ インド・鉱工業生産指数 04月	[前年比]	★☆☆☆☆	+4.4pips	1.1%	1.3%	4.2%

出所：https://fx.minkabu.jp/indicators?date=2023-06-10（2023年6月25日閲覧）より作成。

「ナンピン買い」はすべきか否か

　ある銘柄を100株，300円で買ったとしましょう。株価が大きく下落し，100円になったとしましょう。このとき，同じ銘柄をもう100株，100円で買い増して，買い平均株価（株式取得平均コスト）を300円から（300円＋100円）／2＝200円に下げることは「ナンピン買い」と呼ばれています。

　「ナンピン買い」を行う投資家心理については，以下の2点を指摘できます。

(1)　株価が大きく下落し大きな含み損を抱えるようになると，投資家は，恐れを自覚しにくくなり，恐れの状態から，逆に向こう見ずになり，大きな損失が出ている銘柄をさらに買い増すことを行います。

(2)　株価が大幅に下落して，下がり過ぎと思えることがあり，その中で小幅反転上昇すると，この株価反転上昇は大きな損失の脅威を一時的に減じるだけにすぎないのに，損失の脅威は，「ここで買い増せば損失を出さなくて済むようになる，むしろ利益を得ることができるようになる」という希望に変わり，大きな損失が出ている銘柄をさらに買い増すことを行います。

　行動ファイナンスでは，「思い入れ」は「コミットメント」と呼ばれ，株式売買判断を歪めるとされています。「ナンピン買い」はその銘柄に対する「思い入れ（コミットメント）」増になり，売買判断を狂わせる原因になります。

郵 便 は が き

料金受取人払郵便

落合局承認

4331

差出有効期間
2024年8月31日
（期限後は切手を
おはりください）

161-8780

東京都新宿区下落合2-5-13

㈱ 税務経理協会

社長室行

||.||..|||..||..|||.||....|.|..|.|.|.|.|.|.|.|..|.|..|.|.|..||..||

お名前	フリガナ		性別	男 ・ 女
			年齢	歳

ご住所	□□□-□□□□ TEL （ ）

E-mail	

ご職業	1. 会社経営者・役員　2. 会社員　3. 教員　4. 公務員 5. 自営業　6. 自由業　7. 学生　8. 主婦　9. 無職 10. 公認会計士　11. 税理士　12. 行政書士　13. 弁護士 14. 社労士　15. その他（ ）

ご勤務先・学校名	

部署		役職	

ご記入の感想等は，匿名で書籍のPR等に使用させていただくことがございます。
使用許可をいただけない場合は，右の□内にレをご記入ください。　　　□許可しない

ご購入ありがとうございました。ぜひ、ご意見・ご感想などをお聞かせください。
また、正誤表やリコール情報等をお送りさせて頂く場合もございますので、
E-mail アドレスとご購入書名をご記入ください。

この本の タイトル	

Q1 お買い上げ日　　　　年　　　月　　　日

> ご購入 方法　　1. 書店・ネット書店で購入（書店名　　　　　　　　　）
> 　　　　　　　　2. 当社から直接購入　　3. その他（　　　　　　　　）

Q2 本書のご購入になった動機はなんですか？（複数回答可）
1. タイトルにひかれたから　　　　2. 内容にひかれたから
3. 店頭で目立っていたから　　　　4. 著者のファンだから
5. 新聞・雑誌で紹介されていたから（誌名　　　　　　　　　）
6. 人から薦められたから　　7. その他（　　　　　　　　　）

Q3 本書をお読み頂いてのご意見・ご感想をお聞かせください。

Q4 ご興味のある分野をお聞かせください。
1. 税務　　　　　　2. 会計・経理　　　　　3. 経営・マーケティング
4. 経済・金融　　　5. 株式・資産運用　　　6. 法律・法務
7. 情報・コンピュータ　8. その他（　　　　　　　　　　　　　）

Q5 カバーやデザイン、値段についてお聞かせください
①タイトル　　　　　1 良い　　2 目立つ　　3 普通　　4 悪い
②カバーデザイン　　1 良い　　2 目立つ　　3 普通　　4 悪い
③本文レイアウト　　1 良い　　2 目立つ　　3 普通　　4 悪い
④値段　　　　　　　1 安い　　2 普通　　　3 高い

Q6 今後、どのようなテーマ・内容の本をお読みになりたいですか？

第5章
産業（市場）ニュースを学ぶ

 ## 1 会社の業績は業界の影響を受ける

　株価は，会社の業績に左右されます。つまり，会社の業績が良ければ，良くなりそうであれば株価は上昇し，逆に会社の業績が悪ければ，悪くなりそうであれば株価は下落します。そして，会社の業績はその会社が属している産業（市場）の状態に依存しています。産業の状態が良ければ会社の業績が必ず良い，逆に産業の状態が悪ければ会社の業績が必ず悪いとは言い切れませんが，大まかにいえば産業の状態が良ければ会社の業績は良さそうである，逆に産業の状態が悪ければ会社の業績は悪そうであると推測できます。

 ## 2 「業界天気図」

　雑誌（週刊東洋経済など），新聞（日本経済新聞など）には，一目でわかるということで，「業界天気図」が掲載されています。「業界天気図」では，以下の6つのレベルで，産業（業界，市場）の状態をタイプ分けしています。

① **快　　晴**

　業界が急拡大し，会社の大半が利益を伸ばしている状態

② **晴　　れ**

　業界が堅調に拡大し，上位の会社を中心に安定的に利益を伸ばしている状態

③ **薄曇り**

　業界が好転しつつある状態

④ **曇　　り**

　業界が横ばいで，成長余地が乏しく，各会社の利益が低迷あるいは低水準である状態

⑤ **雨**

　業界が縮小傾向であり，一部の会社を除いて多くの会社の利益が減少している状態

⑥ **大　　雨**

　業界が大幅に縮小し，構造不況の状態であり，大半の会社の利益が赤字もしくは大幅に減少している状態

　1つひとつの産業（業界）がなぜ「快晴なのか」「晴れなのか」「薄曇りなのか」「曇りなのか」「雨なのか」「大雨なのか」は「業界天気図」で説明されています。

3　「東証33業種トレンド（上昇・下落）」：市場のトレンド

　日本取引所グループ（JPX）は，会社を33業種に分類しています。33業種とは「水産・農林業」「鉱業」「建設業」「食料品」「繊維製品」「パルプ・紙」「化学」「医薬品」「石油・石炭製品」「ゴム製品」「ガラス・土石製品」「鉄鋼」「非鉄金属」「金属製品」「機械」

「電気機器」「輸送用機器」「精密機器」「その他製品」「電気・ガス業」「陸運業」「海運業」「空運業」「倉庫・運輸関連業」「情報・通信業」「卸売業」「小売業」「銀行業」「証券，商品先物取引業」「保険業」「その他金融業」「不動産業」「サービス業」です。

　「株探」トップメニューの「市場ニュース」をクリックすると，「市場ニュース」画面が出てきます。「東証33業種トレンド（上昇・下落）」画面には，以下のものが表示されています。

① 　株価が上昇した業種数が赤字で，下落した業種数が青字でそれぞれ表示されています。

② 　上下位10の業種が赤い縦長グラフ（株価上昇業種），青い縦長グラフ（株価下落業種）で描かれ，それぞれの縦長グラフにマウスポインタを当てると上昇率・下落率が表示されます。本日はどの業種の株価が上昇し，どの業種の株価が下落しているかがわかります。

図表 5 － 1 　「株探」の「東証33業種トレンド（上昇・下落）」画面

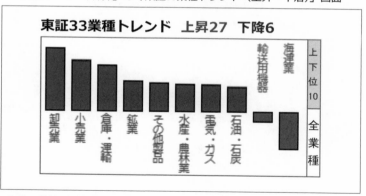

出所：「株探」（https://kabutan.jp）

みなさんにとっては，個別銘柄の株価の上昇・下落のみが関心事であるのかもしれませんが，各銘柄が現在の「市場のトレンド（傾向）」に合っているか否かを判断できるようにしましょう。市場の流れに従うことは利益を生み，市場の流れに逆らうことは損失を生みます。

4　市場ニュースは「読む」ものでなく，「見る・眺める」もの

　株式投資は「他人を出し抜く」ことをしなければならず，そのためには「情報の戦」に勝たねばなりません。「情報の戦」に勝つためには，以下の2つがポイントです。

① 　ニュースは「読む」ものでなく，「見る・眺める」ものであると考えることです。情報の戦は長期戦であり，ニュースを継続して知るためには作業負担を小さくすることがコツです。

② 　「金のなる木は水では生きぬ，汗をやらねば枯れていく」という相場格言があり，株式投資には努力が必要であると説かれていますが，ニュースはたくさん，たくさんあり，それを知るコツは「学ぶ」より「慣れる」だと思います。

　ニュースに「慣れる」と言っても，どのニュースが重要であるのかはわかりにくいと思います。株式投資のコツは「市場の流れ」をつかむことであり，みんながどのようなニュースに注目しているのかが分かれば，ニュースを「見る・眺める」ポイントをおさえることができます。

　「株探」「トップ」画面の「人気ニュース　ベスト30」（8時間，3日間）をクリックすると，みんながどのようなニュースに注目しているのかが分かり，「市場の流れ」をつかむことができます。

図表5－2　「株探」の「人気ニュース」

▊ 人気ニュース【ベスト10】　（アクセスランキング　直近8時間）
1　今朝の注目ニュース！ ★クリングル、TKP、Sansanなどに注目！
2　【明日の好悪材料】を開示情報でチェック！（4月13日発表分）
3　「医療ビッグデータ」は宝の山、急成長する利活用ビジネスで羽ばたく銘柄群 ＜株探トップ特集＞
4　伊藤智洋が読む「日経平均株価・短期シナリオ」（4月14日記）
5　好業績続く"中小型株"、23年3月期【業績上振れ】候補〔第2弾〕＜成長株特集＞
PR　格安の手数料の証券会社が見つかる手数料一覧表を発表
6　本日注目すべき【好決算】銘柄 TKP、Sansan、ファストリ（13日大引け後 発表分）
7　前場に注目すべき3つのポイント～ファーストリテの決算を受けた強い動きがセンチメント改善につながる～
8　＜必見＞ 寄り付き 直前チェック・リスト！
9　★本日の【サプライズ決算】速報（04月13日）
10　明日の株式相場に向けて＝「インバウンドと選挙」で火がつく材料株

出所：「株探」（https://kabutan.jp）

　また，「株探」の「市場ニュース」画面では，以下のものを見る・
眺めることができます。
①　「総合」「市況」「材料」「注目」「決算」「特集」「特報」「5％
　（大量保有報告書）」「テク（テクニカル）」「速報」「通貨」「経
　済」をクリックすれば，各ニュースを見ることができます。
②　15件，30件，50件の各ニュースを見ることができます。
③　画面の右下に「日付指定」があり，日付の指定を行うと1カ月
　間のニュースを見ることができます。

図表5－3　「株探」の「市場ニュース」画面

出所：「株探」（https://kabutan.jp/news/marketnews/）

株式投資における「勝ち組 vs. 負け組」

　株式投資において「勝ち組 vs. 負け組」を分けるものは投資家自身の心理をコントロールできるか，否かにかかわっています。一言で言えば，株式投資における「勝ち組」は自身の心理をコントロールできる人，「負け組」は自身の心理をコントロールできない人です。株式投資は「金のなる木」を育てることをねらいとしていますが，「金のなる木」を育てるのにやっかいなものは「欲」です。「金のなる木」を育てるのにいくら「汗」をやる，つまり「ファンダメンタルズ分析」「テクニカル分析」「心理読み」を学んだとしても，「欲」のコントロールができなければ「負け組」になってしまいます。

　株式投資で「勝ち組」になるには，第1に「ファンダメンタルズ分析」「テクニカル分析」を学び，第2に「心理読み」を学び，第3に「欲」のコントロールを行うことです。

　株式投資が成功し，利益を得ることができれば，脳の中では幸福感を高めるホルモンである「ドーパミン（快感物質）」が分泌され，舞い上がるような喜びを感じます。こうなると，脳は高揚感を求め，あの喜びをもう一度味わいたいと欲するようになり，株式投資にはまっていきます。脳の科学では，繰り返される喜びによって，脳の神経回路（株式投資へのハマリ）がどんどん強化されていくので，株式投資を真に楽しむには自己コントロールが必要です。

第6章
会社ニュースを学ぶ

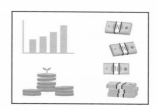

1 会社は「利益性」「安全性」の2つの 指標で判断

「利益性の高い会社」「安全性の高い会社」を選びましょう。

① 「利益性」の高い会社

「利益＝収入－費用」です。収入（売上高）が増大しても，費用が減少しても，利益は増大しますが，費用の削減は限界があるので，収入増大による利益増大が王道，つまり「増収増益」会社が「良い会社」です。会社の「利益性」は「損益計算書」によって分かります。

② 「安全性」の高い会社

「総資産＝他人資本＋自己資本」，つまり会社は他人から調達した資金と，自己の資金で，総資産を購入しています。総資産を自己資本で購入した割合（自己資本比率）が高いほど，会社の「安全性」は高いとみなされます。つまり，自己資本比率が高い会社が良い会社です。会社の「安全性」は「貸借対照表」によって分かります。

「ハイリターン・ハイリスク（高い利益性と低い安全性）」「ローリターン・ローリスク（低い利益性と高い安全性）」が当たり前であり，「ハイリターン・ローリスク（高い利益性と高い安全性）」はありえません。「利益性」と「安全性」は二律背反で，両立しえません。となると，どちらを優先するかですが，経営破綻の可能性があるとなれば「安全性」は無視できませんが，通常は，「利益性」のみを重要視すればよいでしょう。

　したがって，「良い会社」をファンダメンタルズで探す際の基準は次の３つです。

(i)　高い売上高伸び率

(ii)　高い経常利益伸び率

(iii)　高いROE（自己資本利益率）

図表6－1　良い会社

良い会社の３つの条件

① 売上高の伸び率が高い

② 利益（経常利益）の伸び率が高い

③ ROE $\left(自己資本利益率：\dfrac{当期純利益}{自己資本}\right)$ が高い

2　会計年度：

第1，2，3，4四半期，中間期，通期，上期・下期

　会社の会計年度が4月1日から翌年3月31日までであれば（3月期決算会社），会社は，四半期（しはんき）ごとに年4回の決算発表，上期が終わると中間決算発表，上期・下期つまり1会計年度が終わると通期（本）決算発表を行います。

　『会社四季報』の会社の業績推移には「会」「連」「単」「中」「四」の略称が記載されています。「会」は会社発表の業績予想数字，「連」は連結決算，「単」は単独決算，「中」は第2四半期（中間）決算，「四」は第1四半期決算・第3四半期決算をそれぞれ意味しています。

(1)　四　半　期

　4月1日～6月30日は第1四半期，7月1日～9月30日は第2四半期，10月1日～12月31日は第3四半期，1月1日～3月31日は第4四半期とそれぞれ呼ばれています。

(2)　上期・下期

　1会計年度の前半（4月1日～9月30日）は上期（かみき），後半（10月1日～3月31日）は下期（しもき）とそれぞれ呼ばれています。

　3月期決算会社の決算発表スケジュールは，以下のものです。

①　本決算：5月半ば

　3月に終了した1年間の業績が確定し，通年の業績が予想と比

べてどうであったのか，新年度の通年と第2四半期の予想が発表されます。

② **第1四半期決算：8月半ば**

　第1四半期の業績は前年度比でどうであったのか，第2四半期の予想，通年予想に変化があるのかが発表されます。

③ **第2四半期決算：11月半ば**

　第2四半期の業績は予想と比べてどうであったのか，通年予想に変化があるのかが発表されます。

④ **第3四半期決算：2月半ば**

　第3四半期の業績は前年比でどうであったのか，通年予想に変化があるのかが発表されます。

3　5つの利益：「決算短信」の損益計算書

　「損益計算書」は3カ月（四半期），6カ月（中間期），1年（通期）の利益・損失に関する成績表です。会社の損益計算書には，以下の5つの利益（損失）が計上されています。

① **売上総利益（粗利益）：売上高－売上原価**

　「売上高」は営業上の収入です。

② **営業利益：売上総利益－販売費・一般管理費**

　「営業利益」は本業で稼いだ利益です。

③ **経常利益：営業利益＋（営業外収益－営業外費用）**

　「営業外収益」は受取利息・受取配当金など，「営業外費用」は支払利息などであり，「経常利益」は会社の活動全体の利益です。

④ **税引き前利益：経常利益＋（特別利益－特別損失）**

　経常利益・経常損失は会計期間上の繰り返しの利益・損失であり，特別利益・特別損失は会計期間上の繰り返しではない利益・

損失です。

⑤　**純利益：税引き前利益－法人税・住民税**

　「純利益」は純益，当期利益，最終利益などと呼ばれることがあり，株主に帰属すべき利益です。

4　会社の売上高・利益・配当・ROE

　「株探」の「銘柄探検」をクリックすると，「ファンダメンタルズで探す」が出てきます。「ファンダメンタルズで探す」画面には，以下のものが掲載されています。

---

①　「業績上方修正が有望銘柄」：経常利益
②　「今期【最高益更新】銘柄」：経常利益
③　「通期『連続増加中』銘柄」：売上高，営業利益，経常利益，1株利益，配当
④　「四半期『連続増加中』銘柄」：売上高，営業利益，経常利益，1株利益
⑤　「3カ月（四半期）決算で注目銘柄」：営業利益
⑥　「海外投資家が重視する『ROE』注目銘柄」：ROE

---

(1)　売　上　高

　「利益＝売上高－費用」です。売上高が増大しても，費用が減少しても，利益は増大しますが，費用の削減は限界があるので，売上高増大による利益増大が王道，つまり「増収増益」会社が「良い会社」です。

　「ファンダメンタルズで探す」画面には，以下のものが掲載されています。

図表6-2 「株探」の「ファンダメンタルズで探す」画面

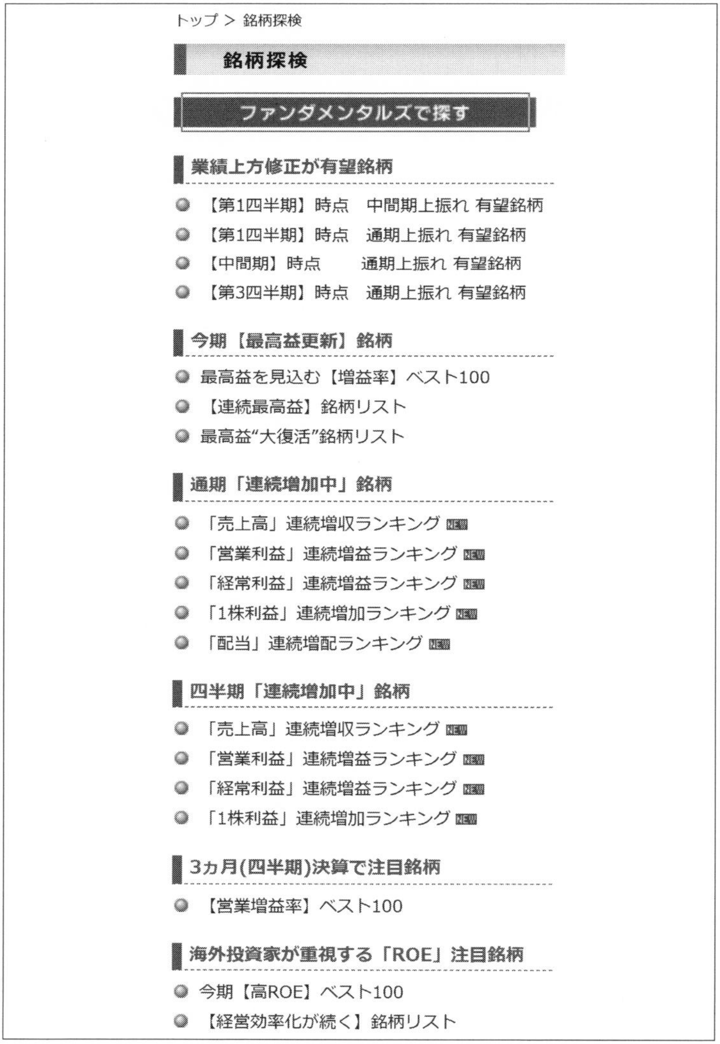

トップ > 銘柄探検

銘柄探検

ファンダメンタルズで探す

業績上方修正が有望銘柄

- 【第1四半期】時点　中間期上振れ 有望銘柄
- 【第1四半期】時点　通期上振れ 有望銘柄
- 【中間期】時点　　　通期上振れ 有望銘柄
- 【第3四半期】時点　通期上振れ 有望銘柄

今期【最高益更新】銘柄

- 最高益を見込む【増益率】ベスト100
- 【連続最高益】銘柄リスト
- 最高益"大復活"銘柄リスト

通期「連続増加中」銘柄

- 「売上高」連続増収ランキング NEW
- 「営業利益」連続増益ランキング NEW
- 「経常利益」連続増益ランキング NEW
- 「1株利益」連続増加ランキング NEW
- 「配当」連続増配ランキング NEW

四半期「連続増加中」銘柄

- 「売上高」連続増収ランキング NEW
- 「営業利益」連続増益ランキング NEW
- 「経常利益」連続増益ランキング NEW
- 「1株利益」連続増加ランキング NEW

3ヵ月(四半期)決算で注目銘柄

- 【営業増益率】ベスト100

海外投資家が重視する「ROE」注目銘柄

- 今期【高ROE】ベスト100
- 【経営効率化が続く】銘柄リスト

出所：「株探」（https://kabutan.jp/tansaku/）

① 「通期『連続増加中』銘柄」

　　売上高で「直近の連続増収期数≧3期」を条件として，「連続
期数の多い順」「今期予想増収率の大きい順」に銘柄ランキング
されています。

② 「四半期『連続増加中』銘柄」

　　売上高で「直近四半期の連続増収期数≧8四半期」を条件とし
て，「連続期数の多い順」「直近実績増収率の大きい順」に銘柄ラ
ンキングされています。

(2)　営業利益

　「ファンダメンタルズで探す」画面には，以下のものが掲載され
ています。

① 「通期『連続増加中』銘柄」

　　営業利益で「直近の連続増益期数≧3期」を条件として，「連
続期数の多い順」「今期予想増益率の大きい順」に銘柄ランキン
グされています。

② 「四半期『連続増加中』銘柄」

　　営業利益で「直近四半期の連続増益期数≧8四半期」を条件と
して，「連続期数の多い順」「直近実績増益率の大きい順」に銘柄
ランキングされています。

③ 「3カ月（四半期）決算で注目銘柄」

　(i)　「時価総額≧100億円」

　(ii)　「直近四半期の連続増益期数≧3四半期」

を条件として，直近四半期の「営業増益率」（営業利益の増大率）
ベスト100が掲載されています。

(3) 経常利益

「ファンダメンタルズで探す」画面には

① 「業績上方修正が有望銘柄」

② 「今期【最高益更新】銘柄」

③ 「通期『連続増加中』銘柄」

④ 「四半期『連続増加中』銘柄」

があり，経常利益の上方修正（上振れ）有望銘柄，最高益更新銘柄，連続増益ランキングがそれぞれ掲載されています。

(3)-1 「業績上方修正が有望銘柄」

　第1,2,3四半期（第2四半期累計は中間期）決算で，会社の中間期計画・通期計画を上回っている銘柄がランキングされています。会社の中間期計画・通期計画は「上期で，通期で，これくらいの経常利益を稼ぐ」という計画であり，計画は楽観的であったり，悲観的であったりします。重要なことは，第1に会社の期中実績は計画を上回っているのか，下回っているのか，第2に会社は計画を最終達成できるのか否かです。

　計画に対する進捗率が高く，会社の実績が計画を上回りそうであれば，業績（経常利益）上方修正の可能性が高いでしょう。逆に，計画に対する進捗率が低く，会社の実績が計画を下回りそうであれば，業績（経常利益）下方修正の可能性が高いでしょう。

　「株探」は，3つの条件（時価総額，対中間期進捗率・対通期進捗率，直近進捗率）を満たした銘柄を「中間期・通期の上振れ有望銘柄」と呼んでいます。

①　中間期上振れ有望銘柄：第1四半期終了時点

「中間期上振れ有望銘柄」は，以下の3つの条件を満たしている銘柄ランキングです。

(ⅰ)　時価総額≧50億円

それは第1に売買しやすい銘柄であるための条件です。つまり，時価総額が小さくなると，流通している株式数が少なくなり，買おうと思えば株価が大きく上昇してしまう，売ろうと思えば株価が大きく下げてしまうので売買しにくくなります。

それは第2に利益変動の大きくない銘柄であるための条件です。つまり，時価総額が小さくなると，会社の規模（売上高）が小さいので，業容が良いときには利益が大きく増え，逆に業容が悪いときには利益が大きく減るといったように利益変動が大きくなります。

(ⅱ)　対中間期進捗率≧65％

50％を達成していれば計画通りですが，すでに65％以上を達成しているということであれば，第2四半期（中間期）終了時点で，中間期の上振れ（経常利益上方修正）発表が期待されます。

(ⅲ)　直近進捗率≧5年平均進捗率

それは経常利益の季節による偏りを考慮したものです。

②　通期上振れ有望銘柄：第1，2，3四半期終了時点

(ⅰ)　第1四半期終了時点

「時価総額≧50億円」「対通期進捗率≧35％」「直近進捗率≧5年平均進捗率」といった3つの条件を満たしている銘柄ランキングです。

(ⅱ)　第2四半期（中間期）終了時点

「時価総額≧50億円」「対通期進捗率≧70％」「直近進捗率≧5年平均進捗率」といった3つの条件を満たしている銘柄ランキン

グです。

(iii) 第3四半期終了時点

　　「時価総額≧100億円」「対通期進捗率≧80％」「直近進捗率≧5
年平均進捗率」といった3つの条件を満たしている銘柄ランキン
グです。

(3)−2　「今期【最高益更新】銘柄」

　今期に経常利益で過去最高益を更新する銘柄です。

①　最高益を見込む【増益率】ベスト100

(i)　「時価総額≧10億円」

(ii)　「今期経常利益≧過去最高経常利益」

の2つの条件を満たし，今期の経常利益の伸び率が高いベスト100
銘柄がランキングされています。経常利益で，今期，過去最高益が
見込まれ，かつ経常利益の伸び率が高い銘柄は，今後も最高益の更
新が期待されるでしょう。

②　【連続最高益】銘柄リスト

(i)　「時価総額≧10億円」

(ii)　「経常利益の過去最高益更新の連続期数≧5期」

の2つの条件を満たし，「経常利益の過去最高益更新の連続期数の
多い順」「今期の経常利益の伸び率が高い順」に銘柄ランキングさ
れています。経常利益で過去最高益を更新する連続期間数が多い銘
柄は利益を創出する競争力を有することから，今後も最高益の更新
が期待されるでしょう。

③　最高益"大復活"銘柄リスト

(i)　「時価総額≧10億円」

(ii)　「経常利益の過去最高益の更新≧5期ぶり」

の2つの条件を満たし，「経常利益の過去最高益更新の間隔期数の

多い順」「今期の経常利益の伸び率が高い順」に銘柄ランキングされています。経常利益で，今期に数年ぶりに過去最高益を更新することから，利益成長が復活したことを示しています。

(3)-3 「通期『連続増加中』銘柄」

経常利益で「直近の連続増益期数≧3期」を条件として，「連続期数の多い順」「今期予想増益率の大きい順」に銘柄ランキングされています。

(3)-4 「四半期『連続増加中』銘柄」

経常利益で「直近四半期の連続増益期数≧8四半期」を条件として，「連続期数の多い順」「直近実績増益率の大きい順」に銘柄ランキングされています。

(4)　ROE

ROE（Return on Equity）は「自己資本利益率」と訳され，「純利益（当期利益）／自己資本」あるいは「1株当たりの純利益／1株当たりの自己資本」です。

ROEは株主が会社に提供したお金でいくら利益を生み出したのかを示すものであり，「純利益（10）／自己資本（100）」であると10％，「純利益（10）／自己資本（50）」であると20％です。2つの会社は同じ10の純利益を稼いでいるが，大きな会社は100の資本で10の純利益，小さな会社は50の資本で10の純利益を生み出しているので，小さな会社の「経営効率性」は高いといえるでしょう。したがって，ROE（自己資本利益率）は「経営の効率性」の指標であり，高いROEは「良い会社」であるための条件の1つです。

「ファンダメンタルズで探す」画面には「海外投資家が重視する

『ROE』注目銘柄」があります。

(4)-1 「今期【高ROE】ベスト100」

(ⅰ)「時価総額≧50億円」

(ⅱ)「自己資本比率≧10％」

(ⅲ)「ROE向上の連続期数≧2期」

といった3つの条件を満たしている，今期の予想ROEが高いベスト100銘柄がランキングされています。ROEが高く，かつROEの向上が続く銘柄は海外を中心とした機関投資家によって選ばれることが期待されています。

(4)-2 「【経営効率化が続く】銘柄リスト」

(ⅰ)「時価総額≧50億円」

(ⅱ)「自己資本比率≧10％」

(ⅲ)「今期ROE≧8％」

(ⅳ)「ROE向上の連続期数≧5期」

といった4つの条件を満たしている，「連続期数の多い順」「今期ROEが高い順」に銘柄ランキングされています。ROEが連続して向上する銘柄は，経営の効率化が進んでいると評価され，国内外の機関投資家によって選ばれることが期待されています。

　自己資本比率（自己資本／（他人資本＋自己資本））は会社の安全性指標であり，「自己資本比率≧10％」が1つの条件として取り上げられているのは，「ハイリスク（低い自己資本比率），ハイリターン（高いROE）」「ローリスク（高い自己資本比率），ローリターン（低いROE）」であるからです。たんに高いROEを達成しようとするならば，自己資本比率を低くすればよいので，「自己資本比率≧10％」という制約条件を課しているのでしょう。

5　業績の推移：
　　　売上高，経常利益，最終利益，1株益

　個別銘柄の「基本情報」画面には「業績推移」があります。過去
2年間の実績と今期予想の「売上高」，「経常益」（経常利益），「最
終益」（税引後の最終利益：当期純利益），「1株益」（1株当たりの
税引後の最終利益），「1株配」（1株当たりの配当）が表示されて
います。「前期比（％）」の数字に注目しましょう。

図表6－3　「株探」個別銘柄「基本情報」の「業績推移」

トップ ＞ ミンカブ(4436)				ミンカブ・ジ・インフォノイド(4436) 基本情報	

貸借		株価20分ディレイ → リアルタイムに変更					
4436ミンカブ		東証G　15:00	業績 ⬇	PER	PBR	利回り	信用倍率
★　**1,805円**	前日比	+12 (+0.67%)	情報・通信業	32.8倍	3.97倍	1.44%	2.32倍
比較される銘柄 SBIGAM, アイフィス, フィスコ			単位 100株	時価総額			270億円

基本情報　チャート　時系列　ニュース　決算　大株主　　　　決算発表予定日 2023/05/15

前日終値	1,793 (04/13)
04月14日	
始値	1,822　(09:00)
高値	1,826　(09:00)
安値	1,786　(09:14)
終値	1,805　(15:00)
出来高	161,300 株
売買代金	291 百万円
VWAP	1,803.239 円
約定回数	726 回
売買最低代金	180,500 円
単元株数	100 株
時価総額	270億円
発行済株式数	14,971,200 株

ヒストリカルPER (単位:倍)		
04/14	PER	32.8
過去3年	平均PER	

株価トレンド　平均線方向　カイリ率

目先	短期	中期	長期
5日線	25日線	75日線	200日線
+0.83%	-6.89%	-17.88%	-19.44%

業績推移　　　　　　　　単位 億円、1株益・配は円

決算期	売上高	経常益	最終益	1株益	1株配	発表日
2021.03	41.6	7.3	5.6	41.0	18.0	21/05/14
2022.03	54.8	8.3	7.0	47.3	24.0	22/05/12
予 2023.03	69.0	-2.5	8.2	55.1	26.0	23/03/20
前期比(%)	+25.9	赤転	+18.5	+16.6		直近の決算短信

出所：「株探」（https://kabutan.jp/stock/?code=4436）

6 信用取引：
「売り残 vs. 買い残」「信用倍率」

　信用取引の買いとは，証券会社からお金を借りて株式を買うことであり，いずれ株式を売ってお金を返さなければなりません。「買い残」（信用取引の買い残高）が多いことは将来の株式売り圧力が大きいことを意味し，株価にはマイナスです。信用取引の売りとは証券会社から株式を借りて株式を売ることであり，いずれ株式を買い戻して株式を返さなければなりません。「売り残」（信用取引の売り残高）が多いことは将来の株式買い圧力が大きいことを意味し，株価にはプラスです。

　「株探」の個別銘柄の「基本情報」画面には「信用取引」があります。過去5週間の「売り残」（信用取引の売り残高），「買い残」（信用取引の買い残高），「倍率」（信用倍率：買い残高／売り残高）が表示されています。

7 個別銘柄の決算

　「株探」の個別銘柄の「決算」画面には，以下のものがあります。

(1) 「今期の業績予想」

① 「通期」（「業績推移」「修正履歴」「成長性」「収益性」）

　「業績推移」には過去4年間の実績と今期予想の「売上高」，「営業益」（営業利益），「経常益」（経常利益），「最終益」（当期純利益），「修正1株益」（修正・1株利益：連続性を維持するための修正を行った1株当たりの当期純利益），「1株配」（1株当

図表6－4 「株探」個別銘柄の「決算」画面

	決算期	売上高	営業益	経常益	最終益	修正1株益	1株配	発表日
単	2019.03	2,032	256	208	253	22.0	0	19/05/14
連	2020.03	2,790	523	504	447	34.4	16	20/05/12
連	2021.03	4,158	759	734	564	41.0	18	21/05/14
連	2022.03	5,482	874	828	696	47.3	24	22/05/12
連 予	2023.03	6,900	150	-250	825	55.1	26	23/03/20
	前期比	+25.9	-82.8	赤転	+18.5	+16.6		(%)

過去最高 【実績】

	売上高	営業益	経常益	最終益	修正1株益
過去最高	5,482	874	828	696	47.3
決算期	2022.03	2022.03	2022.03	2022.03	2022.03

下期業績

決算期	売上高	営業益	経常益	最終益	修正1株益	1株配	発表日
19.10-03	1,687	385	371	360	27.7	16	20/05/12
20.10-03	2,392	497	487	433	31.5	18	21/05/14
21.10-03	3,055	570	563	547	37.1	24	22/05/12
予 22.10-03	4,060	-12	-333	820	54.8	26	23/03/20
前年同期比	+32.9	赤転	赤転	+49.9	+47.5		(%)

出所：「株探」（https://kabutan.jp/stock/finance?code=4436）

たりの配当）が表示されています。「前期比（％）」の数字に注目
しましょう。

　「修正履歴」画面の「修正方向」には，赤矢印で上方修正，青
矢印で下方修正が示されています。上方修正銘柄は買い，下方修

正銘柄は売りです。

「成長性」画面は，売上高の対前年比伸び率を表示しています。売上高の対前年比伸び率の大きな銘柄は買いです。

「収益性」画面には，「売上高」，「営業益」（営業利益），「売上営業利益率」（営業利益／売上高），「ROE」，「ROA」，「総資産回転率」，「修正1株益」が表示されています。

「ROE」「ROA」はともに資本利益率と呼ばれ，自己資本に対応する利益は当期純利益であるので「ROE（自己資本利益率）＝当期純利益／自己資本」，総資本（＝他人資本＋自己資本＝総資産）に対応する利益は経常利益であるので「ROA（総資本利益率）＝経常利益／総資本」であるのですが，「株探」では，ROAは「総資産当期純利益率」あるいは「総資本当期純利益率」であり，

$$ROA ＝当期純利益／総資産$$

$$＝（当期純利益／売上高）×（売上高／総資産）$$

$$＝「売上高利益(当期純利益)率」×「総資産回転率」$$

と定義されています。売上高利益率（当期純利益／売上高）は「利益率」の指標，総資産回転率（売上高／総資産）は「総資産の効率性」の指標です。売上高利益率が高くなれば，総資産回転率が高くなれば，ROAは上昇します。

② 「過去最高【実績】」

過去最高の「売上高」，「営業益」（営業利益），「経常益」（経常利益），「最終益」（当期純利益），「修正1株益」，「1株配」が表示されています。

③ 「下期業績」

過去3年間の実績と今期予想の「売上高」，「営業益」（営業利益），「経常益」（経常利益），「最終益」（当期純利益），「修正1株

益」,「1株配」が表示されています。

(2) 「キャッシュフロー（CF＝現金収支）推移」（「通期」）

　「財務諸表会計（貸借対照表，損益計算書）は見解，キャッシュフロー会計は事実」と言われています。会社は債権者・株主から資金調達し，債権者・株主に利子・配当を支払い，返済・自社株買いします。これらのキャッシュの出入りが「財務CF（キャッシュフロー）」です。会社は債権者・株主から調達した資金を投資し，このキャッシュの出が「投資CF（キャッシュフロー）」です。また，会社は投資からの回収を行い，このキャッシュの入が「営業CF（キャッシュフロー）」です。「営業CF（キャッシュの入）－投資CF（キャッシュの出）」は「フリーCF（キャッシュフロー）」と呼ばれています。

　「営業キャッシュフローが長期にわたってマイナスの場合は要注意」と言われ，会社の安全性に懸念が生じます。「フリーキャッシュフロー」が利子・配当の支払い，返済・自社株買いの原資になります。

図表6－5　「株探」個別銘柄「決算」の「キャッシュフロー（CF＝現金収支）推移」画面

キャッシュフロー(CF＝現金収支)推移							
通期							
決算期	営業益	フリーCF	営業CF	投資CF	財務CF	現金等残高	現金比率
△2017年3月期～2019年3月期を表示							
連　2020.03	523	-905	715	-1,620	933	2,063	35.17
連　2021.03	759	-202	913	-1,115	-15	1,847	26.43
連　2022.03	874	-71	1,290	-1,361	1,750	3,526	36.14
▽2017年3月期～2019年3月期を表示							

出所：「株探」（https://kabutan.jp/stock/finance?code＝4436）

「現金等残高」（現金及び現金同等物期末残高）は会社の手元にある現金・預金や３カ月以内の短期投資商品などの残高のことです。「現金比率」は「現金等残高／総資産」です。

(3)　「業績・財務推移【実績】」

①　「累計決算【実績】」：「対通期進捗率」

「対通期進捗率」の上には「１Q」「２Q」「３Q」「４Q」（第１,２,３,４四半期）があり，ピンクが１つだけならば「対通期進捗率」が25％，２つだけならば50％，３つならば75％が対通期進捗率の単純平均です。これらの数字より大きければ業績の上方修正の可能性があり，「買い」です。逆に，これらの数字より小さければ業績の下方修正の可能性があり，「売り」です。

②　「３カ月決算【実績】」

「売上営業損益率」は「営業利益／売上高」です。「売上営業損益率」が大きいことは「良い会社」「良い銘柄」であることを示しています。

③　「３カ月決算過去最高【実績】」

「売上高」，「営業益」（営業利益），「経常益」（経常利益），「最終益」（当期純利益），「修正１株益」が表示されています。

④　「財務【実績】」

「１株純資産」「自己資本比率」「総資産」「自己資本」「剰余金」「有利子負債倍率」が表示されています。会社の安全性が懸念されるときに注目されます。

図表6－6　「株探」個別銘柄「決算」の「業績・財務推移【実績】」画面

業績・財務推移【実績】								

第3四半期累計決算【実績】　　　　1Q　2Q　3Q　4Q

決算期	売上高	営業益	経常益	最終益	修正1株益	対通期進捗率	発表日
20.04-12	2,754	389	371	182	13.3	50.5	21/02/02
21.04-12	3,614	409	367	203	13.9	44.3	22/02/14
22.04-12	4,285	167	-113	-234	-15.7	―	23/02/14
前年同期比	+18.6	-59.2	赤転	赤転	赤転		(%)

3ヵ月決算【実績】　業績推移　成長性　　　3Q　4Q　1Q　2Q　3Q

	決算期	売上高	営業益	経常益	最終益	修正1株益	売上営業損益率	発表日
	△18年4-6月期～20年10-12月期を表示							
連	21.01-03	1,404	370	363	382	27.8	26.4	21/05/14
連	21.04-06	1,127	111	82	41	2.9	9.8	21/08/12
連	21.07-09	1,300	193	183	108	7.5	14.8	21/11/11
連	21.10-12	1,187	105	102	54	3.7	8.8	22/02/14
連	22.01-03	1,868	465	461	493	33.5	24.9	22/05/12
連	22.04-06	1,380	98	25	1	0.1	7.1	22/08/09
連	22.07-09	1,460	64	58	4	0.3	4.4	22/11/11
連	22.10-12	1,445	5	-196	-239	-16.1	0.3	23/02/14
	前年同期比	+21.7	-95.2	赤転	赤転	赤転		(%)
	▽18年4-6月期～20年10-12月期を表示							

3ヵ月決算過去最高【実績】

	売上高	営業益	経常益	最終益	修正1株益
過去最高	1,868	465	461	493	33.5
決算期	2022.03	2022.03	2022.03	2022.03	2022.03

財務【実績】　　　　1Q　2Q　3Q　4Q

	決算期	1株純資産	自己資本比率	総資産	自己資本	剰余金	有利子負債倍率	発表日
		△2014年3月期～2019年3月期を表示						
連	2020.03	255.66	59.9	5,866	3,513	-2,005	0.46	20/05/12
連	2021.03	283.42	56.0	6,989	3,916	-1,441	0.56	21/05/14
連	2022.03	492.54	75.2	9,757	7,342	-745	0.20	22/05/12
連	22.04-12	454.63	40.5	16,825	6,806	-979	1.29	23/02/14
		▽2014年3月期～2019年3月期を表示						

出所：「株探」（https://kabutan.jp/stock/finance?code=4436）

利益が出ている人はリスク嫌い vs.
損失が出ている人はリスク好き

　株式投資家のリスクに対する態度（好き・嫌い）は「利益が出ている人 vs. 損失が出ている人」では異なります。

(1)　利益が出ている投資家は，リスクの小さな株式を好み，リスクの大きな株式を嫌います。

(2)　損失が出ている投資家は，リスクの大きな株式を好み，リスクの小さな株式を嫌います。

　リスクの小さな株式というのは大儲けはないかもしれないが，大損はありそうにない株式のことであり，逆にリスクの大きな株式というのは大儲けできるかもしれないが，大損もありうる株式のことです。たとえば，１株100円の株式を買って，下落しても－５円，上昇しても＋５円の株式は「ローリスクの株式」であり，下落すれば－50円，上昇すれば＋50円の株式は「ハイリスクの株式」です。

　投資家は，利益が出ているときは，「ローリスク，ローリターンの株式」を買って利益をコツコツと増やしていくが，あるときに保有している１つの銘柄の株価が急落して，全体として「利益の出ている状態」から「損失の出ている状態」へ変わると，今度は逆に，一発逆転ねらいの大儲けできる「ハイリスク，ハイリターンの株式」を買うようになります。それでうまくいけばよいが，「ハイリスク，ハイリターンの株式」は大損もありうるので，買ったハイリスク・ハイリターン株式の株価が大きく下がると，ますます含み損が大きくなり，さらに「ハイリスク，ハイリターンの株式」を買うようになってしまいます。

第7章
株式ニュースを学ぶ

 1　株価を「時間の流れ vs. 市場」の中で見る

　株式投資では，以下のように，株価を「時間の流れ vs. 市場」の中で見ることが重要です。

① 　株価が時間の経過の中でいかに変化してきたか，つまり株価を時間の流れの中で見ることが重要です。

② 　1つの会社の株価が株式市場全体の価格（日経平均株価など）からいかに影響を受けているか，つまり株価を「株式市場」の中で見ることが重要です。

③ 　1つの会社の株価，株式市場全体の価格（日経平均株価など）が他の市場（外国通貨，原油，金など）の価格からいかに影響を受けているか，つまり株価を「市場」の中で見ることが重要です。

(1)　株価を時間の流れの中で見る：
　　　東京，ニューヨーク，ロンドン・フランクフルト，上海

　「株探」「トップ」画面の最上部には「日経平均」「NYダウ」「上

海総合」の3つの株価が表示されています。また，同画面の右サイドには日本のさまざまな株価，海外の株価（NYダウ，NASDAQ，上海総合）が表示されています。東京，ニューヨーク，ロンドン・フランクフルト，上海の各証券取引所の取引時間は，日本時間で以下の通りです。

東京：9：00−15：00

ニューヨーク：22：30−5：00（夏時間），23：30−6：00（冬時間）

ロンドン・フランクフルト：16：30−0：30（夏時間），17：30−1：30（冬時間）

上海：10：30−18：30

① **本日の東京市場が始まる前**

　　夏時間だと午前5時に，冬時間だと午前6時に，ニューヨーク市場の終値が分かります。日本・米国の株価の連動性は高いときも，低いときもありますが，米国の株価が上がれば日本の株価は上昇し，米国の株価が下がれば日本の株価は下落しやすいので，早朝にニューヨーク市場の終値を確認しましょう。

② **本日の東京市場が始まってから**

　　米国の株価が上がって日本の株価は上昇して始まったが，日本株価が反転下落し始める，あるいは米国の株価が下がって日本の株価は下落して始まったが，日本株価が反転上昇し始めることがあります。東京市場はニューヨーク市場のみならず，上海市場ともしばしば連動し，上海市場が始まる10：30くらいは要注意です。10：30過ぎになると上海市場の株価動向を確認しましょう。

③ **本日の東京市場が終わってから**

　　東京市場の終値は上昇して，あるいは下落して終わりました。その日の株価の上昇・下落がニューヨーク市場，上海市場によるものであるときには，ことさら気になるのは，翌日のニューヨー

ク市場の株価動向です。ニューヨーク市場が開くのは午後10：30（夏時間），午後11：30（冬時間）ですが，その前に，ニューヨーク市場，上海市場の影響を受けるはずであるロンドン・フランクフルト市場が午後 4：30（夏時間），午後 5：30（冬時間）に開くので，ニューヨーク市場の動向を占うものとして，夕方にロンドン・フランクフルト市場の株価動向を確認しましょう。

(2)　株価を時間の流れの中で見る：日経平均株価の動き

「株探」「トップ」画面の右サイドには「日経平均」つまり日経平均株価のほぼ 1 カ月間の動き（日中足，日足）が図示されています。

株価は「買い＞売り」ならば上昇し，逆に「買い＜売り」ならば下落します。ですから，株価の上昇局面では「なぜ買おうとしているのか」「なぜ売ろうとしないのか」，逆に，株価の下落局面では「なぜ買おうとしないのか」「なぜ売ろうとしているのか」の理由を，「株探」画面の中で，理解するようにしましょう。

2　日本の株式市場：4つの証券取引所

日本には，4 つの証券取引所があります。

① 東京証券取引所の株価：プライム，スタンダード，グロース

東京証券取引所は，2022年 4 月 4 日，市場第一部，市場第二部，JASDAQスタンダード，JASDAQグロース，マザーズから，プライム，スタンダード，グロースへ再編されました。東京証券取引所は「東証」とも呼ばれ，「株探」トップページ画面の「【国内】指標」は「東証」の株価のみを表示しています。

② 名古屋証券取引所の株価：プレミア，メイン，ネクスト

名古屋証券取引所は，2022年 4 月 4 日，第一部，第二部，セン

トレックスからプレミア，メイン，ネクストへ名称変更されました。

③ **札幌証券取引所の株価：本則市場，アンビシャス**

　　札幌証券取引所には「本則市場」「アンビシャス」の2つの市場があります。

④ **福岡証券取引所の株価：本則市場，Q-Board**

　　福岡証券取引所には「本則市場」「Q-Board」の2つの市場があります。

3　東京証券取引所： プライム，スタンダード，グロース

　東京証券取引所には，上場基準（株主数，流通株式数，流通株式時価総額，売買代金，純資産額，利益，売上高など）によって，プライム，スタンダード，グロースの3つの市場が存在します。「プライム」は大企業，「スタンダード」は中堅企業，「グロース」は新興企業の市場です。

① **プライム**

　　「プライム市場」は「グローバルな投資家との建設的な対話を中心に据えた企業向けの市場」です。

② **スタンダード**

　　「スタンダード市場」は「公開された市場における投資対象として十分な流動性とガバナンス水準を備えた企業向けの市場」です。

③ **グロース**

　　「グロース市場」は「高い成長可能性を有する企業向けの市場」です。

4　東京証券取引所の株価：
日経平均株価，TOPIX

　「株探」「トップ」画面の右サイドには「【国内】指標」と言っても，東京証券取引所の株価のみが表示されています。

① **日経平均株価：「日経平均」**

　　各産業を代表する225の大企業全体の株価が「日経平均株価」であり，「日経225」と呼ばれることもあります。

② **東証株価指数：「TOPIX」**

　　東証株価指数（TOPIX：トピックス）は大企業全体の株価です。

③ **日本のお勧め銘柄群の株価：「JPX日経400」**

　　「JPX日経400」の正式名は「JPX日経インデックス400」であり，400銘柄全体の株価です。それは海外投資家に買ってもらいたい日本のお勧め銘柄群の株価です。

④ **新興市場の株価：「東証マザーズ」**

　　「東証マザーズ」はマザーズ市場全体の株価です。それらは新興企業全体の株価です。

 5　東京証券取引所の株価：
「東証大型株」「東証中型株」「東証小型株」

　東京証券取引所は，時価総額上位100位を「大型株」，100位〜500位を「中型株」，501位以下を「小型株」と定義しています。「大型株」「中型株」「小型株」の各株価は異なった動きをすることもあります。株式市場には「流行」があり，「大型株」がもっぱら買われることがあったり，「小型株」がもっぱら買われることがあります。

ですから，株式市場全体の株価（日経平均株価，TOPIX）だけでなく，「大型株」「中型株」「小型株」の各株価の動きを見るようにしましょう。

6 「人気ランキング」と「検索ランキング」：短期投資

　短期間で株式売買をする人，つまり1日あるいは1週間内で「買ってすぐさま売る人」「売ってすぐさま買い戻す人」は「人気株」に注目しましょう。「人気株」は何らかの良いニュース・悪いニュースが出て，出来高を伴いながら，株価の変動が大きくなっています。すぐさま大きく儲けることもできますが，逆に高値で買ってうまく売り抜けることができなくて，あるいは安値で売ってうまく買い戻すことができなくて，大きな含み損をかかえることもあります。

　株価が短期間のうちに大きく動かなければ買うことも，売ることもないでしょう。「人気株」は株価が短期に上・下に大きく動く可能性があるので，うまくいけば短期間で大儲けできます。「株探」「トップ」画面の「人気ランキング」（売買代金・約定回数の上位5銘柄）と「検索ランキング」（検索上位5銘柄）から，「人気株」を知ることができます。各銘柄名をクリックすると，各銘柄の株式画面が出て来ます。株価が急上昇あるいは急下落しているはずです。

7 「ランキング・活況銘柄　上昇銘柄（市場1部）」：超短期投資

　「株探」「トップ」画面には「ランキング・活況銘柄　上昇銘柄

（プライム）」があり，プライム銘柄について，刻々と，「上昇銘柄」「下落銘柄」「年初来高値」「年初来安値」「ストップ高」「ストップ安」「GC（ゴールデンクロス）」（株価上昇サイン）「DC（デッドクロス）」（株価下落サイン）「活況銘柄」（売買活況銘柄）が掲載されています。本日は「どの銘柄が上昇・下落しているのか」「どの銘柄の約定回数が多いのか」を知ることができます。短期，とりわけ1，2日で売買しようとする人が注目しておかねばならない情報です。

図表7-1　「株探」の「ランキング・活況銘柄　上昇銘柄（プライム）」画面

ランキング・活況銘柄　上昇銘柄（プライム）					更新 4月14日 15:10

上昇銘柄｜下落銘柄｜年初来高値｜年初来安値｜ストップ高｜ストップ安｜GC｜DC｜活況銘柄

Sansan

順位	コード	銘柄名	株価	上げ幅	上昇率
1	4443	Sansan	1,808	+262	+16.95%
2	9216	ビーウィズ	1,788	+202	+12.74%
3	2791	大黒天	5,320	+545	+11.41%
4	3093	トレファク	1,813	+170	+10.35%
5	9278	ブックオフG	1,441	+133	+10.17%

一覧を見る

信用残ランキング　　　売り残増加　　　買い残増加　　　売り残減少　　　買い残減少

出所：「株探」（https://kabutan.jp）

8　「人気テーマ（3日間のランキング）」：
株価が上昇し始める可能性のあるテーマ株

「株探」「トップ」画面の下画面には「人気テーマ（3日間のアクセスランキング）」ベスト10とベスト30があります。「株価が上昇し始める」にはエネルギーがいります。エネルギーは「出来高」で測られ，出来高は「人気」のバロメーターです。ということは，「株

探」の「人気テーマ」はこれから株価が上がり始める可能性のある人気テーマ株を掲載しています。

　「人気テーマ」に書かれている各人気テーマをクリックすると，テーマの説明と，テーマ関連銘柄一覧が出てきます。各銘柄の項目をクリックすると，「概要・株価」「チャート」「ニュース（NEWS）」が出てきます。

図表7－2　「株探」の「人気テーマ（3日間のアクセスランキング）」画面

人気テーマ （3日間のﾗﾝｷﾝｸﾞ）
1　カジノ関連
2　インバウンド
3　総合商社
4　人工知能
5　水素
6　蓄電池
7　チャットボット
8　2023年のIPO
9　パワー半導体
10　宇宙開発関連
▌ベスト30を見る

出所：「株探」（https://kabutan.jp）

9　「開示情報（決算・業績修正を除く）」：
株価急上昇・急下落のときには会社開示情報をチェック

　「株探」「トップ」画面の下画面には「開示情報（決算・業績修正を除く）」があります。分単位で刻々と掲示される「開示情報（決算・業績修正を除く）」をチェックするのはたいへんです。いきな

り「開示情報」をチェックするのではなく，株価は「開示情報」に基づいて大きく上下に変動しますので，株価が大きく変動したときに，「なぜ株価は大きく上昇しているのか」「なぜ株価は大きく下落しているのか」の理由探しに，必ずや「開示情報」をチェックし，そのうえで，すばやく買い・売り・保有継続を判断しましょう。

10　好悪材料はすでに株価に織り込まれているか否か：「噂で買って事実で売れ」

　「株探」「トップ」画面の「Top News」には，月曜日から木曜日までは午後8時に，そして日曜日は午後1時30分に「【明日の好悪材料】を開示情報でチェック！」が発表されます。いわゆる「株式を売買するにあたっての『材料』」です。

　株式格言（相場格言）に「噂で買って事実で売れ」というのがあります。「明日の好悪材料」で書かれてあるのは「事実」ですが，これらがすでに株価に織り込まれているか否か，つまり株価は好材料の噂ですでに上がってしまっているのか，逆に悪材料の噂ですでに下がってしまっているのかを調べましょう。

　「明日の好悪材料」画面にはさまざまな銘柄が挙げられていますが，各銘柄コードをクリックすると，各銘柄の株式画面が出て来ます。その画面の中の「時系列」をクリックすると，株価4本値（始値，高値，安値，終値）と売買高がわかります。

11　株価注意報

　「株探」トップメニューの「株価注意報」をクリックすると，「株価注意報」画面が出てきます。同画面には，「決算」「本日の動向」

「ニュース」「テクニカル」「信用取引需給」といった5つの項目が出て来ます。

「株価注意報」画面は個人投資家にとっての「銘柄のお勉強の総まとめ」です。

(1) 「決算」：会社の実体が良いのか，悪いのか

「決算」は会社のいわば成績表です。会社の業績が「良かったのか，悪かったのか」は現在の株価に影響を与え，「良くなりそうなのか，悪くなりそうなのか」は現在および将来の株価に影響を与えます。「決算」画面から当日の「取引時間中（午前9：00〜午後3：00）に決算発表・業績予想修正発表をした銘柄」「取引終了後（午後3：00以降）に決算発表・業績予想修正発表をした銘柄」，翌営業日の「決算発表予定銘柄」を知ることができます。会社（銘柄）の実体が良いのか，悪いのかを知る最良策は「決算の内容」を検討することです。

(2) 「本日の動向」：市場の流れ

「本日の動向」画面からは，本日の注目銘柄・注目業種を知ることができます。つまり，
① 「本日の活況銘柄」
② 「本日の株価上昇率ランキング」「本日の株価下落率ランキング」
③ 「本日のストップ高銘柄」「本日のストップ安銘柄」
④ 「本日，年初来高値を更新した銘柄」「本日，年初来安値を更新した銘柄」
⑤ 「日経平均の寄与度ランキング」
⑥ 「東証1部【業種別】騰落ランキング」
から，「市場の流れ」，すなわち，短期に，ひょっとすると本日限り

であるかもしれないが，「どの銘柄・どの業種の株価が上昇しそうであるのか」「どの銘柄・どの業種の株価が下落しそうであるのか」を知ることができます。

(3)　「ニュース」：株価の動意

「ニュース」画面から，

① 「動意株ニュース」，つまり株価が大きく動き出した銘柄についてのニュース

② 「市場速報」，つまり株価に大きな影響を与える情報開示があった銘柄についてのニュース

③ 「朝刊」，つまりニュースで取り上げられた銘柄の株価

を知ることができます。株式投資は「他人を出し抜く」ことをしなければならず，そのためには「情報の戦」に勝たねばなりません。「情報の戦」に勝つためには，「ニュース」画面の「動意株ニュース」「市場速報」「朝刊」は必須です。

(4)　「テクニカル」：株価が上昇・下落しそうな銘柄

「テクニカル」画面から，

① 「本日のゴールデンクロス銘柄（5日と25日移動平均線）」「本日，株価が25日移動平均線を上抜いた銘柄」から，これから株価が上昇しそうな銘柄を知ることができます。

② 「本日のデッドクロス銘柄（5日と25日移動平均線）」「本日，株価が25日移動平均線を下抜いた銘柄」から，これから株価が下落しそうな銘柄を知ることができます。

(5) 「信用取引需給」：
　　　信用売り残（将来の買い）vs. 信用買い残（将来の売り）

　自己のお金で買い，自己の株式を売るのが「現物（げんぶつ）取引」であり，他人のお金を借りて買い，他人の株式を借りて売るのが「信用取引」です。信用取引は返済期日までに，株式を売って借りたお金を返したり，株式を買い戻して借りた株式を返さなければなりません。ですから，「信用取引需給」画面から，

① 「信用売り残の増加ランキング」から，将来，株式の買い戻しがあり，株価が上昇しそうな銘柄を知ることができます。

② 「信用買い残の増加ランキング」から，将来，株式の売りがあり，株価が下落しそうな銘柄を知ることができます。

③ 「信用売り残の減少ランキング」から，将来の株式の買い戻しが減少し，株価が上昇しそうでない銘柄を知ることができます。

④ 「信用買い残の減少ランキング」から，将来の株式の売りが減少し，株価が下落しそうでない銘柄を知ることができます。

⑤ 「信用【高値】期日到来銘柄」から，信用買い残のピークを過ぎ，将来の株式の売りが減少し，株価がふたたび上昇しそうな銘柄を知ることができます。

⑥ 「信用【安値】期日到来銘柄」から，信用売り残のピークを過ぎ，将来の株式の買い戻しが減少し，株価がふたたび下落しそうな銘柄を知ることができます。

12　決　算　速　報

　「株探」トップメニューの「決算速報」をクリックすると，「決算速報」画面が出てきます。同画面には，刻々と，「全市場」「プライ

ム」「スタンダード」「グロース」の決算速報（「決算」と「修正」）が15件，30件，50件出て来ます。どの決算ニュースも文章形式は一緒で，「連結経常利益が前年同期比何パーセント増えた，減った」「計画に対する進捗率」「売上営業利益率」などが書かれてあります。

　各「決算速報」画面の文章の下には，「累計決算【実績】」「今期の業績予想」が掲載されています。株式投資にとって重要な決算ニュースは「これまでの決算は良かった・悪かった」という過去ではなく，「これからの決算が良くなりそうだ・悪くなりそうだ」という将来のことであるので，「計画に対する進捗率」「今期の業績予想」に注目しましょう。

13　会社開示情報

　「株探」トップメニューの「会社開示情報」をクリックすると，「会社開示情報」画面が出てきます。同画面には，情報種別に，「総合」「決算」「自社株取得」「エクイティ」「追加・訂正」「その他」といった6つの項目が出て来ます。各会社の開示情報は刻々と「コード（銘柄コード）」「会社名」「市場」「情報種別」「タイトル」「開示日時」といった項目で整理されています。

(1)　「総　　合」

　「総合」をクリックすると，「決算」「業績修正等」「自社株取得」「エクイティ」「追加・訂正」「その他」といった種別のすべてが表示されます。そして，銘柄コードにマウスポインタを当てると「概要・株価」「チャート」「ニュース」画面が出てきます。「会社開示情報」によって，株価がどのように反応しているのかをすばやく知

ることができます。また，「タイトル」に挙げられている各「会社開示情報」をクリックするとすばやく会社開示情報を知ることができます。

(2) 「決　　算」

　「決算」をクリックすると，「決算短信」「業績修正等」といった情報種別のニュースが表示されます。そして，銘柄コードにマウスポインタを当てると「概要・株価」「チャート」「ニュース」画面が出てきます。

(3) 「自社株取得」vs.「エクイティ」

　株価は株式の需要・供給の関係で決まります。「自社株取得」は会社による株式（自社株）の買いであり，株式に対する需要を増大させるので，株価上昇要因の１つです。逆に，「エクイティ」は会社による株式（自社株）の売りであり，株式に対する供給を増大させるので，株価下落要因の１つです。銘柄コードにマウスポインタを当てると「概要・株価」「チャート」「ニュース」画面が出てきます。

【知っておきましょう】　NISA おすすめ証券会社

サービス	楽天証券	松井証券	マネックス証券
特徴	NISA口座数業界No.1 楽天ポイント貯まる	100円からOK 海外株も充実	クレカ積立の ポイント還元率最大
積立 NISA	187銘柄	173銘柄	152銘柄
手数料	無料	無料	無料
ポイント 投資	◎	○	○
投資信託	2546銘柄	1664銘柄	1373銘柄
口コミ	◎	○	○
サイト	公式ページ	公式ページ	公式ページ

出所：https://navinavi.club/kabu/s/?cam=01_l&sd=1&gr_no=0001&ad_
no=1&yclid=YSS.1000237806.EAIaIQobChMIusyj8NDM_wIVKcsWB
R3vKAuSEAAYASAAEgLNJfD_BwE（2023年6月9日閲覧）より作成。

利益が出ている人は利益確定が早い vs.
損失が出ている人は損失確定が遅い

　株式投資家のリスクに対する態度（好き・嫌い）は「利益が出ている人 vs. 損失が出ている人」では異なり，それが以下のちがいを生みます。

(1)　利益が出ている投資家は，確実性を好み，不確実性を嫌います。買った株式が値上がりし，利益が出ている人は，さらなる利益増を追求して，株価上昇を期待するよりも，利益が不十分であるかもしれないが，今売って利益の確定を行おうとします。数値例でいえば，利益が出ている人は「－10（株価反転下落）か＋20（株価続伸）かの不確実性」よりも「＋5の確実性（利益確定）」を好みます。

(2)　損失が出ている投資家は，不確実性を好み，確実性を嫌います。買った株式が値下がりし，損失が出ている人は，損失が小さいうちに，今売って損失の確定を行うよりも，さらに株価が下落して損失が大きくなることがありうるかもしれないが，損失減，うまくいけば損失から利益への転換をねらって，買った株式を保有し続けます。数値例でいえば，損失が出ている人は「－15の確実性（損失確定）」よりも「－10（株価反転上昇，損失減）か－20（株価続落，損失増）かの不確実性」を好みます。損失が出ている投資家は損失の拡大リスクを過小評価し，それが遠い将来のことであると考える傾向があります。

第8章
どの株式を購入すればよいのか

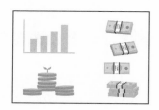

1　バリュー株 vs. グロース株

　「株価＝PER×利益」であるので，株価はPER（株価収益率：倍）と会社の利益によって決定され，PER（ピーイーアール）は株式に対する「評価」であり，金利と投資家心理に依存しています。

(1)　バリュー株

　「バリュー株」は「割安株」と呼ばれています。「利益の水準」が高く，本来は株価が高くても当たり前であるにもかかわらず，PER（株式に対する評価）が低いために，株価が低いままである株式です。

(2)　グロース株

　「グロース株」は「成長株」と呼ばれています。「利益の水準」は低いこともあるが，「利益の予想伸び率」が高いので，そのことからPER（株式に対する評価）がきわめて高くなり，その結果，株価が非常に高い株式です。グロース株の株価は利益成長率の予想に

97

もっぱら依存し，その予想は「投資家心理」しだいであり，「心理は気まぐれ」「予想はあくまでも予想にすぎない」ので，グロース株の株価は大きく上がったり，逆に大きく下がったりすることがあります。

🎁 2 どの株式を売買すればよいのか

どの株式を買えば，どの株式を売ればよいのかは投資家によって異なります。「超短期，短期の中で，株価が大きく上がったり，下がったりする株式」もあれば，「中期，長期，超長期にわたって，株価がゆっくり上がる，あるいはだらだら下がる株式」もあります。

Aさんに良い株式はBさんにとっては悪い株式であるかも，逆にAさんに悪い株式はBさんにとっては良い株式であるかもしれません。そこで，まずは，株式を購入してから売却するまでの期間を決めましょう。

① 超短期

② 短期

③ 中期

④ 長期・超長期

「超短期」で投資をする人は「売買高」と「株価チャート」を見て売買しましょう。「短期」で投資をする人は「株価チャート」の良いものを買い，悪いものを売りましょう。「中期」で投資をする人は「産業（市場）の状況」「会社の業績」と「株価チャート」を見て売買しましょう。「長期・超長期」で投資をする人は「産業（市場）の状況」「会社の業績」の良いものを買い，悪いものを売りましょう。

図表8-1　何を見て銘柄選びをすればよいのか

> 超短期売買：出来高と株価チャート
> 短期売買：株価チャート
> 中期売買：産業（市場）の状況・会社の業績と株価チャート
> 長期・超長期売買：産業（市場）の状況と会社の業績

3　株価チャート

(1)　ローソク足（足）

　株価の4本値（始値，高値，安値，終値）を図にしたものが「ローソク足（あし）」です。たとえば，始値＝100，高値＝120，安値＝90，終値＝110であったとき，第1に始値と終値を比べて，値上がりしているので赤色，白色で縦棒が描かれ，第2に縦棒の上，下に細い線（上ヒゲ，下ヒゲ）が描かれ，上ヒゲの長さが高値，下ヒゲの長さが安値として示されています。また，始値＝110，高値＝120，安値＝90，終値＝100であったとき，第1に始値と終値を比べて，値下がりしているので黒色，青色で縦棒が描かれ，第2に縦棒の上，下に細い線（上ヒゲ，下ヒゲ）が描かれ，上ヒゲの長さが高値，下ヒゲの長さが安値として示されています。

図表8-2　ローソク足

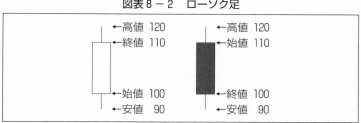

このように描かれている1つひとつのものが「ローソク足」と呼ばれ，並べられたたくさんのローソク足を見ると，株価は上昇しつつあるのか，大きく上昇しつつあるのか，逆に株価は下落しつつあるのか，大きく下落しつつあるのかが分かります。1日，1週間，1カ月，1年の各4本値（始値，高値，安値，終値）を図にしたものは「日足　週足　月足　年足」とそれぞれ呼ばれています。

　「株探」の個別銘柄の「チャート」画面には，「期間　日足　週足　月足　年足　1分足　5分足」があります。主なものは次のものです。

① 　日足：「5日，25日，75日の移動平均線」「25日，75日，200日の移動平均線」

② 　週足：「9週，13週，26週の移動平均線」「13週，26週，52週の移動平均線」

③ 　月足：「6月，12月，24月の移動平均線」「12月，24月，60月の移動平均線」

(2)　株価の移動平均

　本日を含めた過去5日間，25日間，75日間の株価（終値）の単純平均はそれぞれ「5日移動平均」「25日移動平均」「75日移動平均」と呼ばれています。つまり，本日を含めた過去5日間，25日間，75日間終値で買い続けたときの単純平均買い値です。5日，25日，75日の3つの移動平均があれば「短期の移動平均」「中期の移動平均」「長期の移動平均」と呼ばれ，5日，25日の2つだけの移動平均があれば「短期の移動平均」「長期の移動平均」と呼ばれています。

図表8-3　「株探」個別銘柄の「チャート」画面

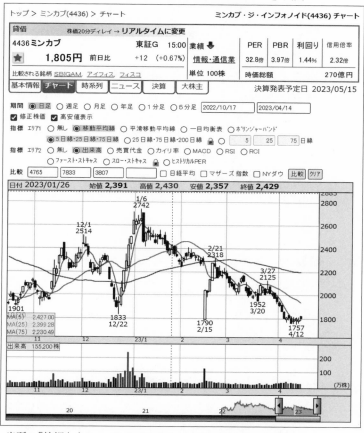

出所：「株探」（https://kabutan.jp/stock/chart?code= 4436）

(3)　移動平均線：株価の短期，中期，長期のトレンド

　短い計算日数の移動平均線は現在に近い時点の株価の勢いを表し，
長い計算日数の移動平均線は現在から遠い時点の株価の勢いを表し

ているので，「25日移動平均線」が「75日移動平均線」の上に位置することは短期の株価の勢いが強いことを，「75日移動平均線」が「200日移動平均線」の上に位置することは中期の株価の勢いが強いことを意味しています。

移動平均線から以下のことがわかります。

① 株価が移動平均線よりも上にあるときは株価は上昇トレンド，逆に下にあるときは株価は下落トレンドです。

② 移動平均線が上昇傾向であるならば株価は上昇トレンド，逆に下落傾向であるならば株価は下落トレンドです。

③ 短期，中期，長期の3つの移動平均線を並べて，下から長期，中期，短期と並んでいれば，株価は上昇しつつあります。逆に，下から短期，中期，長期と並んでいれば，株価は下落しつつあります。

④ 株価は移動平均線から上または下に大きく乖離すると，やがて移動平均線付近まで戻ります。

(4) 上昇トレンド vs. 下降トレンド：移動平均線

「移動平均線」の上昇トレンドは株価が上昇し続けていることを，下降トレンドは株価が下落し続けていることをそれぞれ意味しています。「移動平均」の計算では，最新の終値を入れ，最古の終値を外していくので，株価が上昇し続けているときは，移動平均値はだんだん大きくなり，移動平均線は上昇トレンドになります。逆に，株価が下落し続けているときは，移動平均値はだんだん小さくなり，移動平均線は下降トレンドになります。

株価上昇トレンド銘柄，つまり「株価が上がっている銘柄」を買うことは「順張り」，株価下落トレンド銘柄の反転上昇を期待して，つまり「株価が下がり過ぎた銘柄」を買うことは「逆張り」とそれ

ぞれ呼ばれています。

「株探」「銘柄探検」を利用して，株価上昇トレンド銘柄を見つけ，買えばよいのですが，その前に，そもそも「なぜ株価が上昇し続けているのか」の理由を考えることが肝要です。株価上昇の理由は以下のいずれかでしょう。

①　その産業（市場）の状態（ビジネス環境）が良い。

②　会社の業績が良い。

③　株価が割安（PERが低い，PBRが低い）である。

④　株価チャートが良い。

図表 8 - 4　株価上昇の理由

(1)　その産業（市場）の状態が良い
(2)　会社の業績が良い
(3)　株価が割安（PERが10倍以下，PBRが１倍以下）である
(4)　株価チャートが良い

(5)　株価上限（上値抵抗）vs. 株価下限（下値支持）：「200日移動平均線」

株価が上昇し続けると天井が，株価が下落し続けると底がそれぞれ気になります。「200日移動平均線」は株価が上昇し続けるときの株価上限（上値抵抗）になったり，株価が下落し続けるときの株価下限（下値支持）になったりします。

4　超短期で投資をする人は「出来高」「株価チャート」で売買しましょう

１日の中で，株式を買ったり，売ったりすることは「デイトレー

ド」と呼ばれています。

① 「株価上昇率ランキングが高い」

② 「5分足チャートが右上がり」

の2条件を満たす株式を午前中の間だけ「高く買って，さらに高く売る」ことです。「安く買って，高く売る」を繰り返し行えばよいのですが，安く買える株式は株価が右下がりに転じてしまったのかもしれません。

「株探」トップメニューの「銘柄探検」をクリックすると，「テクニカルで探す」が出てきます。「テクニカルで探す」画面には，「デイトレ向き　『出来高急増銘柄』」があり，

① 「直近の出来高の前日比≧200％増加」

② 「直近の出来高÷単元株数≧100」

③ 「前日の出来高÷単元株数≧100」

の3つの条件を満たしている銘柄が掲載されています。

5　短期で投資をする人は「株価チャート」を利用して売買しましょう

「株探」の「銘柄探索」「テクニカルで探す」画面には以下のものが掲載されています。

(1)　「買いの候補」

以下の3つの画面それぞれで「今，買えばよい銘柄」が掲載されています。

①　「5日と25日移動平均線のゴールデンクロス」：株価上昇サイン・買いサイン

短期（5日）の移動平均線が長期（25日）の移動平均線を下か

図表8-5 「株探」の「テクニカルで探す」画面

トップ > 銘柄探検

銘柄探検

テクニカルで探す

買いの候補
- 5日と25日移動平均線のゴールデンクロス
- 移動平均線上昇トレンド銘柄
- 25日線マイナスカイリ −10%以上

売りの候補
- 5日と25日移動平均線のデッドクロス
- 移動平均線下降トレンド銘柄
- 25日線プラスカイリ +10%以上

デイトレ向き
- 出来高急増銘柄

トレンド追随型の指標【主に順張り】
- 一目均衡表「3役好転」
- 一目均衡表「3役逆転」
- パラボリック陽転
- パラボリック陰転
- 新値3本足陽転
- 新値3本足陰転

オシレーター系の指標【主に逆張り】
- RSI（14日線）20%以下
- RSI（14日線）80%以上
- MACD/買いシグナル
- MACD/売りシグナル

出所：「株探」（https://kabutan.jp/tansaku/）

ら上へ突き抜けた時点は「ゴールデンクロス」と呼ばれ，株価の基調は上昇トレンドへ転換したので，「買いサイン」が出たと判断して，買いを行いましょう。画面の中で，「株価」と「５日移動平均値」の位置関係に注意しましょう。「株価」は現在の株価，「５日移動平均値」は本日を含めた過去５日間の株価の単純平均です。買う銘柄は「『株価』＞『５日移動平均値』」であらねばなりません。つまり，買う銘柄の条件としては，「現在」の株価水準は「現在に近い時点」の株価の勢いを上回っていなければなりません。

② 「移動平均線上昇トレンド銘柄」

　　移動平均線は株価のトレンド，つまり「株価はこれから上昇し続けるのか（上昇トレンド）」「株価はこれから下落し続けるのか（下落トレンド）」を示しています。

　　「移動平均線上昇トレンド銘柄」は，チャートの株価水準の位置では，下から「200日移動平均線」「75日移動平均線」「25日移動平均線」と並んでいる銘柄です。

　　画面には，「株価」（現在の株価）と「25日線カイリ率」「75日線カイリ率」「200日線カイリ率」が出ています。それらは現在の株価が25日，75日，200日の移動平均値のそれぞれからどれくらいプラス乖離，つまり現在の株価がどれくらい上がり過ぎているのかを示しています。「25日線カイリ率」の大きな銘柄，つまり現在の株価がすでに上がり過ぎて「25日移動平均線」から大きく乖離している銘柄は要注意です。

③ 「25日線マイナスカイリ（－10％）以上」：売られ過ぎ

　　現在の株価が「25日移動平均線」（25日移動平均値）から大きく下へ乖離している（値下がりしている）ことは「株式は売られ過ぎである」ことを示しています。画面には「株価」（現在の株

価）と「25日線カイリ率」が出ています。「25日線カイリ率」の
マイナス乖離が大きなものが「株式は売られ過ぎ」「株価は下が
り過ぎ」という銘柄です。「株探」は−10％を超えるマイナス乖
離銘柄を「下落基調が強いが売られすぎの公算も」ということで
「買いの候補」として取り上げています。しかし，現在の株価が
底値であるとは限らず，株価の下落基調はまだ続くかもしれませ
ん。

(2) 「売りの候補」

　以下の３つの画面それぞれで「今，売ればよい銘柄」が掲載され
ています。「売りの候補」は「買いの候補」とは正反対です。

① 「５日と25日移動平均線のデッドクロス」：株価下落サイン・売りサイン

　短期（５日）の移動平均線が長期（25日）の移動平均線を上か
ら下へ突き抜けた時点は「デッドクロス」と呼ばれ，株価の基調
は下落トレンドへ転換したので，「売りサイン」が出たと判断し
て，売りを行いましょう。画面の中で，「株価」と「５日移動平
均値」の位置関係に注意しましょう。「株価」は現在の株価，「５
日移動平均値」は本日を含めた過去５日間の株価の単純平均です。
売る銘柄は「『株価』＜『５日移動平均値』」であらねばなりませ
ん。つまり，売る銘柄の条件としては，「現在」の株価水準は
「現在に近い時点」の株価の勢いを下回っていなければなりませ
ん。

② 「移動平均線下降トレンド銘柄」

　移動平均線は株価のトレンド，つまり「株価はこれから上昇し
続けるのか（上昇トレンド）」「株価はこれから下落し続けるのか
（下落トレンド）」を示しています。「移動平均線下降トレンド銘

柄」は，チャートの株価水準の位置では，下から「25日移動平均線」「75日移動平均線」「200日移動平均線」と並んでいる銘柄です。画面には，「株価」（現在の株価）と「25日線カイリ率」「75日線カイリ率」「200日線カイリ率」が出ています。それらは現在の株価が25日，75日，200日の移動平均値のそれぞれからどれくらいマイナス乖離，つまり現在の株価がどれくらい下がり過ぎているのかを示しています。「25日線カイリ率」の大きな銘柄，つまり現在の株価がすでに下がり過ぎて「25日移動平均線」から大きく乖離している銘柄は要注意です。というのは，これらは「売りの候補」銘柄ではなく，下がり過ぎによる株価反転上昇期待銘柄であるかもしれないからです。

③ 「25日線プラスカイリ（＋10％）以上」：買われ過ぎ

現在の株価が「25日移動平均線」（25日移動平均値）から大きく上へ乖離している（値上がりしている）ことは「株式は買われ過ぎである」ことを示しています。画面には「株価」（現在の株価）と「25日線カイリ率」が出ています。「25日線カイリ率」のプラス乖離が大きなものが「株式は買われ過ぎ」「株価は上がり過ぎ」という銘柄です。「株探」は＋10％を超えるプラス乖離銘柄を「上昇基調強いが買われすぎの公算も」ということで「売りの候補」として取り上げています。しかし，現在の株価が天井であるとは限らず，株価の上昇基調はまだ続くかもしれません。

6　中期で投資をする人は「産業（市場）の状態」「会社の業績」を見て銘柄を選び，「株価チャート」を利用して売買しましょう

中期で投資をする人は，

①　「どの銘柄を買えばよいのか」について，「株探」の「銘柄探検」「ファンダメンタルズで探す」画面で買い候補銘柄15～30銘柄を選びましょう。

②　買い候補15～30銘柄のうち，2～3銘柄を「いつ売買すればよいのか」について，「株探」の個別銘柄の「チャート」画面を利用して判断しましょう。

つまり，買い候補15～30銘柄の中から「何を買うのか」は「いつ買えばよいのか」によって絞り込まれます。買い候補銘柄であれば，どれを買ってもいいのですが，問題は「いつ買うか」です。

7　長期・超長期で投資をする人は「産業（市場）の状態」「会社の業績」を見て売買しましょう

「株探」トップメニューの「銘柄探検」をクリックすると，「ファンダメンタルズで探す」が出てきます。「ファンダメンタルズで探す」画面には，以下のものが掲載されています。

①　「業績上方修正が有望銘柄」：経常利益

②　「今期【最高益更新】銘柄」：経常利益

③　「通期『連続増加中』銘柄」：売上高，営業利益，経常利益，1

株利益，配当

④ 「四半期『連続増加中』銘柄」：売上高，営業利益，経常利益，
1株利益

⑤ 「3カ月（四半期）決算で注目銘柄」：営業利益

⑥ 「海外投資家が重視する『ROE』注目銘柄」：ROE

買い候補銘柄の特徴は以下のものです。

① 売上高の伸び率が高い

② 営業利益の伸び率が高い

③ 配当利回りが高い

④ 売上高営業利益率が高い

⑤ ROE（自己資本利益率）が高い

⑥ PER（株価収益率）が低い

⑦ PBR（株価純資産倍率）が低い

8　PER（株価収益率）：
利益に比べての株価の「高すぎる」「安すぎる」

「PER（Price Earnings Ratio）」は「株価収益率」と訳され，「株価／1株当たりの予想利益」で計算されています。株価はさまざまな理由で変化し，たとえば，10円の利益を生み出すと予想されている会社の株価が100円，200円，300円であるときもあるでしょう。「PER」は株価100円，200円，300円の「割高・割安」を評価するのに用いられ，PERは，株価100円のとき「100／10＝10倍」，株価200円のとき「200／10＝20倍」，株価300円のとき「300／10＝30倍」です。株価100円，200円，300円を見て「高すぎる」「安すぎる」と判断するのは誤りであり，重要なことは，「何に比べて高すぎるか，

図表8－6　「株探」の「市場マップ」画面

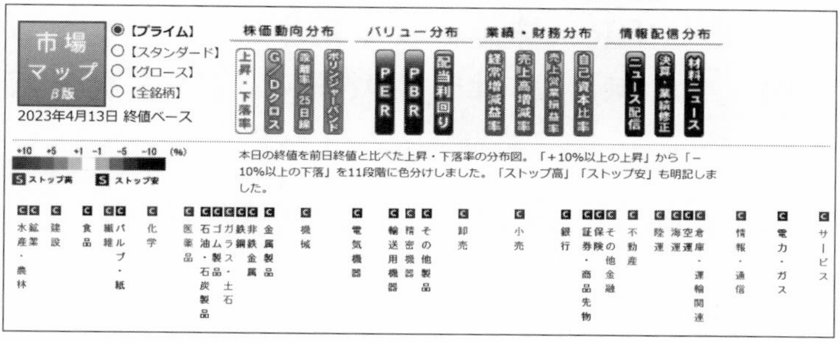

出所：「株探」（https://kabutan.jp/distribution-map/）

安すぎるか」ということです。PERは，利益に比べての株価の「高すぎる」「安すぎる」を判断する指標です。ただし，低いPERはたんに株式の人気がないだけなのかもしれませんし，高いPERは株式の人気を示しているかもしれません。

　「株探」トップメニューの「市場マップ」をクリックすると，「バリュー分布」が出てきます。「PER」をクリックすると，PERの「5倍以下」（割安）〜「30倍以上」（割高）が8段階で色分けされています。

　本書の中で，買い候補銘柄の中から「より低いPER」の銘柄（割安銘柄）を選びましょうと述べているが，「PER」画面の色分けを見ると，高PERの業界，低PERの業界があることに気づきます。各銘柄の「割高」「割安」の判断は各業界ごとに行わなければなりません。日本取引所グループのホームページには規模別・業種別平均PERが時系列（月次）で掲載されています。

9 PBR（株価純資産倍率）：
純資産に比べての株価の「高すぎる」「安すぎる」

　「PBR（Price Book-Value Ratio）」は「株価純資産倍率」と訳され，「株価／1株当たりの純資産」で計算されています。株価はさまざまな理由で変化し，1株当たり100円の土地（純資産）を保有している会社の株価が100円，200円，300円であるときもあるでしょう。「PBR」は株価100円，200円，300円の「割高・割安」を評価するのに用いられ，PBRは，株価100円のとき「100／100＝1倍」，株価200円のとき「200／100＝2倍」，株価300円のとき「300／100＝3倍」です。株価100円，200円，300円を見て「高すぎる」「安すぎる」と判断するのは誤りであり，重要なことは，「何に比べて高すぎるか，安すぎるか」ということです。PBRは，純資産に比べての株価の「高すぎる」「安すぎる」を判断する指標です。

　「株探」トップメニューの「市場マップ」をクリックすると，「バリュー分布」が出てきます。「PBR」をクリックすると，PBRの「0.5倍以下」（割安）〜「2倍以上」（割高）が11段階で色分けされています。

　本書の中で，買い候補銘柄の中から「より低いPBR」の銘柄（割安銘柄）を選びましょうと述べているが，「PBR」画面の色分けを見ると，高PBRの業界，低PBRの業界があることに気づきます。各銘柄の「割高」「割安」の判断は各業界ごとに行わなければなりません。日本取引所グループのホームページには規模別・業種別平均PBRが時系列（月次）で掲載されています。

🎁 10　「配当利回り」：預金金利 vs. 配当利回り

　「配当利回り」は「1 株当たりの予想配当／株価」（％表示）で計算されています。「預金100円 vs. 株式100円」で「預金金利 1 ％ vs. 配当利回り 5 ％」を比較しましょう。預金を100円して，利息が 1 円であれば，預金金利は 1 ％です。株式を100円で購入して，配当が 5 円であれば，配当利回りは 5 ％です。

　「預金 vs. 株式」を比べたとき，第 1 に一般には「預金金利＜配当利回り」であるが，利息 1 円を受け取るのは確実であるが，配当 5 円を受け取るのは不確実です。第 2 に「利息 1 円＜配当 5 円」であるが，預金はいつまでも100円であるが，株式は100円で購入したものの200円に値上がりすることもあれば50円に値下がりすることもあります。株価が200円に値上がりすれば，100円の値上がり益と 5 円の配当の合計105円の大儲けですが，逆に株価が50円に値下がりすれば，50円の値下がり損と 5 円の配当の合計45円の大損です。

　「株探」トップメニューの「市場マップ」をクリックすると，「バリュー分布」が出てきます。「配当利回り」をクリックすると，配当利回りの「1 ％未満」（低配当利回り）〜「5 ％以上」（高配当利回り）が 6 段階で色分けされています。

　「配当利回り」画面の色分けを見ると，高配当利回りの業界，低配当利回りの業界があることに気づきます。配当利回りの高低の判断は各業界ごとに行わなければなりません。

🎁 11 「業績・財務分布」

「株探」トップメニューの「市場マップ」をクリックすると,「業績・財務分布」が出てきます。

(1) 「経常増減益率」

経常利益の伸び率の「−80％以下」（経常利益の低い伸び率）〜「＋2倍以上」（経常利益の高い伸び率）が11段階で色分けされています。「経常増減益率」は対前期と比べた予想経常利益の増減率の分布です。「黒字転換（B）」「赤字転落（R）」も明記されています。

(2) 「売上高増減率」

売上高の伸び率の「−25％以下」（売上高の低い伸び率）〜「＋50％以上」（売上高の高い伸び率）が11段階で色分けされています。「売上高増減率」は対前期と比べた予想売上高の増減率の分布です。

(3) 「売上営業損益率」

「売上営業損益率」は「予想営業利益／予想売上高」（％表示）で計算されています。たとえば,「営業利益10円,売上高50円」と「営業利益10円,売上高100円」の2つの会社を取り上げましょう。1つの会社は50円の売上で10円の営業利益,もう1つの会社は100円の売上で同じ10円の営業利益をそれぞれ稼いでいます。売上営業損益率は1つの会社は「10／50＝20％」,もう1つの会社は「10／100＝10％」です。10円の利益を稼ぐのに,100円売らなければならない会社より,50円だけ売ればよい会社の方が効率性が高いと言えるでしょう。売上営業損益率の高い会社は,付加価値の高い財貨・サー

ビスを生産し，良い会社・良い銘柄です。「売上営業損益率」の「−5％以下」（低い売上営業損益率）〜「＋20％以上」（高い売上営業損益率）が9段階で色分けされています。

(4)　「自己資本比率」

「自己資本比率」は「自己資本／（他人資本＋自己資本)」あるいは「自己資本／総資産」で計算され，「自己資本比率」が高い会社は安全であり，良い会社・良い銘柄です。「自己資本比率」の「10％未満」（低い自己資本比率）〜「80％以上」（高い自己資本比率）が9段階で色分けされています。

12　どの銘柄を売買すればよいのか

(1)「株探」「銘柄探検」「ファンダメンタルズで探す」画面には，
① 　経常利益についての「業績上方修正が有望銘柄」「今期【最高益更新】銘柄」
② 　営業利益についての「3カ月（四半期）決算で注目銘柄」
③ 　ROEについての「海外投資家が重視する『ROE』注目銘柄」
があります。ランキングの上位15〜30位銘柄が買い候補銘柄です。これら買い候補銘柄の中から，「より低いPER」「より低いPBR」の銘柄（割安銘柄）を選びましょう。

(2)「株探」「銘柄探検」「ファンダメンタルズで探す」画面で買い候補銘柄15〜30を選んだとしても，それは「本日」の話であり，15〜30の買い候補銘柄群の中で，「本日」買うタイミングの銘柄がまったくなければ，明日はふたたび「ファンダメンタルズで探す」画面で買い候補銘柄15〜30を選び直しましょう。

心理的会計

　株式投資家が＋10の含み益のある株式と－10の含み損のある株式の２つを保有しているとしましょう。投資家の満足度・不満足度は，投資家心理の上で，「２つの株式を別々に管理する」（「分離会計」）と「２つの株式を一括管理する」（「統合会計」）では異なります。

(1)　**分離会計**

　２つの株式を心理上，別々に管理するということは，＋10の含み益のある株式の満足度と，－10の含み損のある株式の不満足度を合計することであり，＋10の含み益のある株式の満足度は－10の含み損のある株式の不満足度より小さいので，全体としては不満足になります。

(2)　**統合会計**

　２つの株式を心理上，一括管理するということは，＋10の含み益のある株式と－10の含み損のある株式を統合すると，含み益・含み損がゼロ（（＋10）＋（－10）＝0 ）になることであり，満足・不満足がゼロになります。

　したがって，心理上，「２つの株式を一括管理する」ほうが「２つの株式を別々に管理する」よりも満足度は高まります。つまり，買った２つの株式の中で株価下落した株式をことさらに意識して落ち込まないことです。保有株式全体の利益・損失がちょうどゼロであるならば，何ら心理上落ち込むことはありません。投資家がはまってしまうワナの１つは，＋10の含み益のある株式を早期に売って利益を確定し，－10の含み損のある株式を保有し続け「塩漬け」状態にしてしまうことです。

第9章
いつ売買すればよいのか：
購入のタイミング vs.
売却のタイミング

　買い候補銘柄であれば，どれを買ってもいいのですが，問題は「いつ買うか」です。買いタイミングに合致したものが実際に買う銘柄です。売り候補銘柄であれば，どれを売ってもいいのですが，問題は「いつ売るか」です。売るタイミングに合致したものが実際に売る銘柄です。

1　4本値（4つの株価）：
始値，高値，安値，終値

　「始値」「高値」「安値」「終値」は4本値と呼ばれ，期間が1日であれば，9：00の株価は「始値」，15：00の株価は「終値」とそれぞれ呼ばれています。1日のうちで，始値・終値より高い株価があれば「高値（たかね）」，低い株価があれば「安値（やすね）」とそれぞれ呼ばれています。

　個別銘柄の「チャート」画面の上にマウスポインタを置き，移動させると，何年何月何日の「始値」「高値」「安値」「終値」を知ることができます。過去の最高値（さいたかね），最安値（さいやす

ね）を知っておくことは重要です。というのは，株価が上昇し始め，過去の最高値を上回ってくると株価上昇が勢いづく可能性があるからです。逆に，株価が下落し始め，過去の最安値を下回ってくると株価下落が勢いづく可能性があるからです。

図表9−1　「株探」個別銘柄の「チャート」画面

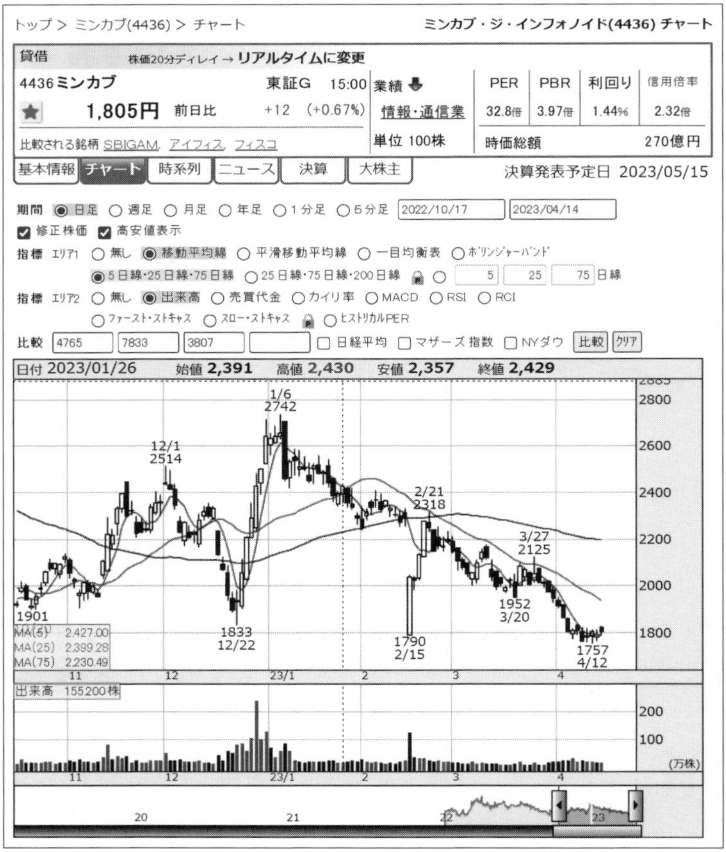

出所：「株探」（https://kabutan.jp/stock/chart?code= 4436）

🎁 2　足（ローソク足）：陽線 vs. 陰線

　始値，高値，安値，終値の4本値を図示したものは「足（ローソク足）」と呼ばれています。「株探」のチャートでは，「始値＜終値」（つまり値上がり）は白い棒，「始値＞終値」（つまり値下がり）は青い棒で描かれ，白い棒は「陽線（ようせん）」，青い棒は「陰線（いんせん）」とそれぞれ呼ばれています。ここで，「値上がり」「値下がり」は始値と終値の大小関係であり，前日終値に対する値上がり・値下がりではありません。

　白い棒（「陽線」），青い棒（「陰線」）には，上ヒゲ，下ヒゲが描かれることもあり，上ヒゲは「高値」，下ヒゲは「安値」をそれぞれ表しています。上ヒゲ，下ヒゲのついた「陽線」，「陰線」はローソクのように見え，そのことから「陽線」，「陰線」は「ローソク足」と呼ばれています。

　「陽線 vs. 陰線」の1つひとつを見ると，長ければ「大きく上昇した」「大きく下落した」，上ヒゲが長いと「上げ渋った」，下ヒゲが長いと「下げ渋った」ことがわかります。上ヒゲ・下ヒゲがともに長いと，そろそろ天井・底かがわかります。

　「株探」の個別銘柄の「チャート」画面の上には「期間」があり，そこに「日足」「週足」「月足」「年足」「1分足」「5分足」があります。それらのいずれかをクリックすると，それぞれのチャートが出てきます。

　「日足」は1日の9：00の株価を「始値」，15：00の株価を「終値」，「週足」は1週間の月曜日始値を「始値」，金曜日終値を「終値」，「月足」は1カ月間の月初始値を「始値」，月末終値を「終値」，「年足」は1年間の1月始値を「始値」，12月終値を「終値」とそ

れぞれするものです。

「株探」では,「日足」であれば6カ月間,「週足」であれば3年間,「月足」であれば10年間,「年足」であれば20年間超のチャートが出てきます。

3 「移動平均線（単純移動平均線）」と「平滑移動平均線」

株価の「移動平均（Moving Average）」はある期間の株価（終値）の単純平均であり,平均値を計算するときには,5,6,10,13,20,26,75などの数字が用いられます。株価の「移動平均線」は株価のトレンド,つまり「株価はこれから上昇し続けるのか（上昇トレンド）」「株価はこれから下落し続けるのか（下落トレンド）」を示しています。

個別銘柄の「チャート」画面には「指標エリア1」があり,その中に「移動平均線」「平滑移動平均線」があります。それらのいずれかをクリックすると,「チャート」の中に「移動平均線（単純移動平均線）」「平滑移動平均線」のいずれかが表示されます。

5日の「単純移動平均 vs. 平滑移動平均」を例示として取り上げると,「5日の単純移動平均」は本日を含めての過去5日間の株価の単純平均です。「5日の平滑移動平均」は過去であればあるほどその株価をより軽視し,現在に近ければ近いほどその株価をより重視するという,本日を含めての過去5日間の株価の加重平均です。

「チャート」左下に短期,中期,長期の移動平均株価が表示されています。「チャート」画面の上にマウスポインタを置き,移動させると,日付が変わり,何年何月何日の短期,中期,長期の3つの移動平均株価を知ることができます。

① 「日足」の移動平均線

　「日足」のチャートには5日，25日，75日移動平均線が描かれています。

② 「週足」の移動平均線

　「週足」のチャートには5週，13週，26週移動平均線が描かれています。

③ 「月足」の移動平均線

　「月足」のチャートには6カ月，12カ月，24カ月移動平均線が描かれています。

④ 「年足」の移動平均線

　「年足」のチャートには3年，5年移動平均線が描かれています。

4　出来高（売買高）は銘柄の人気のバロメーター

　出来高・売買高が多いことは活発に取引が行われていることを意味し，出来高は銘柄の人気（投資家心理）のバロメーターであり，株価に先行します。

(1)　出来高の急増

　株価が大きく動く前や動き始めのときには，出来高が増えます。出来高は「株価の天井圏」「株価の大底圏」ではふだんと1桁，2桁異なるくらいに急増大します。出来高の急増大は，株価の上昇トレンドから下降トレンドへの大転換（「株価の天井圏」）あるいは株価の下降トレンドから上昇トレンドへの大転換（「株価の大底圏」）を示唆しています。

(2) 出来高の急減

　出来高の急減少は，株価が下落する兆候です。

　1日のうちで，つまり9：00〜15：00の中で買い・売り，あるいは売り・買い（買い戻し）を行う超短期の株式売買は「デイトレ」と呼ばれています。「株探」「銘柄探検」「テクニカルで探す」「デイトレ向き」画面には「出来高急増銘柄」があり，「出来高急増銘柄」をクリックすると，「テクニカル－出来高急増銘柄」画面が出てきます。画面には「株価」「前日比」「出来高」「出来高前日比率」があり，株価が急上昇・急下落している，すなわち株価の上下変動幅が大きいことがわかります。「良い何か」「悪い何か」（「好悪材料」）があるので，人気化し，株価変動が大きくなり，出来高が膨らんでいるものと思われます。超短期の株式売買を行うときには「株価変動が大きい」ことは必須です。株価が天井（バイイングクライマックス），底（セリングクライマックス）では出来高が膨らみ，天井に近いほど株価の急上昇が起こりやすく，超短期の「買ってすぐさま売る」には魅力的です。また，底に近いほど株価の急下落が起こりやすく，超短期の「売ってすぐさま買う（買い戻す）」には魅力的です。

　個別銘柄の「チャート」画面には「指標エリア2」があり，その中に「出来高」「売買代金」があります。それらのいずれかをクリックすると，下の図に「出来高」「売買代金」が棒グラフで表示されます。

　「出来高」（株数）「売買代金」（金額）は，銘柄の人気度のバロメーターですが，株価が上昇しながら出来高・売買代金が増えたのか，株価が下落しながら出来高・売買代金が増えたのかを知っておかねばなりません。同画面では，株価が上昇しているときは赤棒，

下落しているときは青棒で表示されています。

5　出来高と株価の関係：逆ウォッチ曲線

「逆ウォッチ曲線」は，出来高と株価の関係をグラフにしたものです。横軸に出来高，縦軸に株価をとりグラフにすると，両者の関係は時計（ウォッチ）とは逆に回ります。出来高は株価に先行し，「出来高の増大は株価上昇のシグナル」「出来高の減少は株価下落のシグナル」です。

①　株価が底値圏で横ばい，出来高が増大している。これは買いシグナルです。

②　株価が上昇しながら，出来高が増大している。これは買いシグナルです。

③　出来高は横ばいで，株価が上昇し続けている。これは買いシグナルです。

④　株価は上昇し続けているが，出来高が減少している。買いは見送りで，そろそろ売りを考えざるをえません。

⑤　株価が高値圏で横ばい，出来高が減少している。これは売りシグナルです。

⑥　株価が下落しながら，出来高が減少している。これは売りシグナルです。

⑦　出来高は横ばいで，株価が下落し続けている。これは売りシグナルです。

⑧　株価は下落し続けているが，出来高が増大している。売りは見送りで，そろそろ買いを考えましょう。

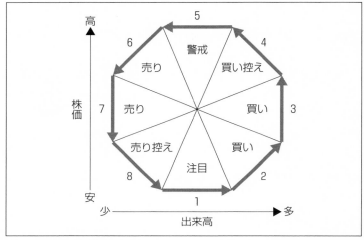

図表9－2　逆ウォッチ曲線（出来高と株価の関係）

出所：逆ウォッチ曲線｜日興イージートレード（https://trade.smbcnikko.co.
jp/html/ez3d_gyakuwatch.html#:~:text=%E9%80%86%E3%82%A6%E3
%82%A9%E3%83%83%E3%83%81%E6%9B%B2%E7%B7%9A%E3%81%
A8,%E3%81%AB%E3%81%97%E3%81%9F%E3%82%82%E3%81%AE%
E3%81%A7%E3%81%99%E3%80%82）

🌱 6　ゴールデンクロス vs. デッドクロス

　株価が上昇しているときは，下から長期，中期，短期のトレンド
線，逆に株価が下落しているときは，下から短期，中期，長期のト
レンド線が順番に並んでいます。ですから，移動平均線の並びが，
「下から短期，中期，長期のトレンド線」から「下から長期，中期，
短期のトレンド線」へ変わるときが「買い」タイミング，逆に「下
から長期，中期，短期のトレンド線」から「下から短期，中期，長
期のトレンド線」へ変わるときが「売り」タイミングです。一言で

いえば，短期移動平均線が上に来るようになれば「買い」タイミング，下に来るようになれば「売り」タイミングです。

つまり，

(1)　買いタイミング

　①　すべての移動平均線が上昇トレンド

　②　短期移動平均線＞中期移動平均線＞長期移動平均線

(2)　売りタイミング

　①　すべての移動平均線が下降トレンド

　②　短期移動平均線＜中期移動平均線＜長期移動平均線

(3)　様　子　見

　①　移動平均線が横ばい

　②　短期移動平均線，中期移動平均線，長期移動平均線が絡み合っている

「株探」「市場マップ」「株価動向分布」画面の「G（ゴールデン）／D（デッド）クロス」は，5日移動平均線（短期），25日移動平均線（長期）といった2本の移動平均線のみを取り上げ，2つのGクロス（ミニゴールデンクロス，ゴールデンクロス）と2つのDクロス（ミニデッドクロス，デッドクロス）を色分けしています。

(1)　G（ゴールデン）クロス：株価上昇サイン・買いサイン

　5日移動平均線が25日移動平均線を下から上へ突き抜けた時点は「G（ゴールデン）クロス」と呼ばれ，株価の基調は上昇トレンドへ転換したので，「買いサイン」が出たと判断して，買いを行いましょう。

①　ミニゴールデンクロス（薄い赤）

　株価が25日移動平均線を上抜いた時点。

②　ゴールデンクロス（濃い赤）

　　5日移動平均線が25日移動平均線を下から上へ突き抜けた時点。

(2)　D（デッド）クロス：株価下落サイン・売りサイン

　D（デッド）クロスはG（ゴールデン）クロスの正反対です。5日移動平均線が25日移動平均線を上から下へ突き抜けた時点は「D（デッド）クロス」と呼ばれ，株価の基調は下落トレンドへ転換したので，「売りサイン」が出たと判断して，売りを行いましょう。

① ミニデッドクロス（薄い青）

　　株価が25日移動平均線を下抜いた時点。

② デッドクロス（濃い青）

　　5日移動平均線が25日移動平均線を上から下へ突き抜けた時点。

🌱 7　順張りの指標：株価のトレンドを見る

　「順張り」の人，つまり株価が上昇トレンドにあるときに買い，株価が下降トレンドにあるときに売るといった，株価の流れに追随した売買を行う人は，トレンド追随型のテクニカル指標を用いましょう。「トレンド追随型のテクニカル指標」は，株価が「上昇トレンドにあるのか」「下降トレンドにあるのか」を判断します。トレンドはしばらく続くので，時間の余裕をもって売買できます。

　「株探」「銘柄探検」をクリックすると，「テクニカルで探す」が出てきます。「テクニカルで探す」画面には，「トレンド追随型の指標【主に順張り】」があります。

(1)　「一目均衡表（いちもくきんこうひょう）」

　個別銘柄の「チャート」画面の「指標　エリア1」の「一目均衡

表」をクリックすると，「一目均衡表」画面が出てきます。同画面の左下に「基準」「転換」「先1」「先2」「遅行」の5つが出てきます。「基準」は「基準線」，「転換」は「転換線」，「先1」は「先行スパン1」，「先2」は「先行スパン2」，「遅行」は「遅行スパン」とそれぞれ呼ばれているものです。「先1」（先行スパン1）と「先

図表9－3　「株探」の個別銘柄の「一目均衡表」

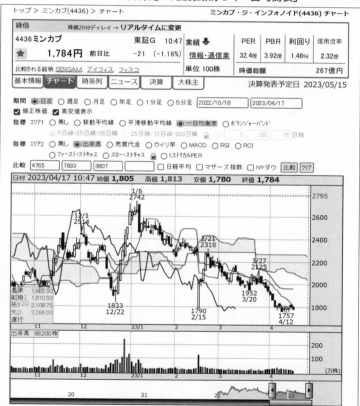

出所：「株探」（https://kabutan.jp/stock/chart?code= 4436）

127

２」（先行スパン２）の２本の線によって挟まれ，塗りつぶされた
領域は「雲」と呼ばれています。「遅行線」は終値から，「転換線」
は高値・安値からそれぞれ計算されたトレンド線です。

① 　３役好転：強い買いシグナル

　　画面には，「今，買えばよい銘柄」が掲載されています。「転換
線＞基準線」「株価＞雲」「遅行スパン＞ローソク足」の３つの条
件が満たされることは「３役好転」と呼ばれ，それは強い買いシ
グナルです。買うタイミングです。画面には「遅行線カイリ率」
「転換線カイリ率」が表示され，プラスの「カイリ率」は株価が
上がり過ぎていることを意味しています。

② 　３役逆転：強い売りシグナル

　　画面には，「今，売ればよい銘柄」が掲載されています。「転換
線＜基準線」「株価＜雲」「遅行スパン＜ローソク足」の３つの条
件が満たされることは３役逆転と呼ばれ，それは強い売りシグナ
ルです。売るタイミングです。画面には「遅行線カイリ率」「転
換線カイリ率」が表示され，マイナスの「カイリ率」は株価が下
がり過ぎていることを意味しています。

(2)　「パラボリック」

　「パラボリック」は，「ボックス相場」，つまり株価が一定の上限
と一定の下限の間で変動しているときは役に立ちません。「パラボ
リック」は株価が大きな「上昇トレンド」「下降トレンド」に乗っ
たときに役に立ちます。

① 　陽転

　　同画面には，「今，買えばよい銘柄」が掲載されています。

② 　陰転

　　画面には，「今，売ればよい銘柄」が掲載されています。

(3)　「新値３本足」

　「新値（しんね）」は，終値が前の「高値」を上回ったとき，あるいは前の「安値」を下回ったときに用いられ，それぞれ「新高値」「新安値」と呼ばれています。「新値（しんね）３本足」では，直前の「陰線」を３本包み込む株価上昇トレンドを「陽転」とし，逆に直前の「陽線」を３本包み込む株価下降トレンドを「陰転」としています。

① **陽転**

　　画面には，「今，買えばよい銘柄」が掲載されています。「陰線」から「陽線」に変わることは「陽転」と呼ばれ「買いサイン」です。

② **陰転**

　　画面には，「今，売ればよい銘柄」が掲載されています。「陽線」から「陰線」に変わることは「陰転」と呼ばれ「売りサイン」です。

8　逆張りの指標：
株価の上がり過ぎ・下がり過ぎを見る

　「逆張り」の人，つまり株価が急落したときに買ったり，株価が急騰したときに売ったり（空売り）といった，株価の流れに逆行した売買を行う人は，オシレーター（振り子）系のテクニカル指標を用いましょう。株価の流れに逆行した売買というのは，株価が急下落しているときにさっと買い（飛び乗り），反転上昇するときにさっと売る（飛び降り），あるいは真逆の局面で，株価が急上昇しているときにさっと売り（飛び乗り），反転下落するときにさっと

買い戻す（飛び降り）という「神業」です。「逆張り」の人はこの「神業」にチャレンジする人です。うまくいけば，超短期・短期で大儲けできる株式投資スタイルです。

「オシレーター系のテクニカル指標」は「買われ過ぎ」「売られ過ぎ」を判断する指標です。「株探」「銘柄探検」の「テクニカルで探す」画面には，「RSI（14日線）20％以下」「RSI（14日線）80％以上」「MACD／買いシグナル」「MACD／売りシグナル」の4つがあります。

(1) 「RSI」

RSI（アールエスアイ）は「相対力指数」と訳され，

14日RSI＝14日間の値上がり日の上昇幅の合計

／（14日間の値上がり日の上昇幅の合計

＋14日間の値下がり日の下落幅の合計）

です。RSIは0〜100％で推移し，

① 株価が上昇局面に入ると50％以上で推移し，株価が下降局面に入ると50％以下で推移します。

② 20％以下であれば「株価は下がり過ぎ」，80％以上であれば「株価は上がり過ぎ」とそれぞれ判断されます。

③ 20％以下になれば打診買い，20％以下で推移していたがその水準を上抜いたときは買いタイミングです。

④ 逆に，80％以上になれば打診売り，80％以上で推移していたがその水準を下抜いたときは売りタイミングです。

RSIはとくに株価が上昇・下落せず，横ばいのときに役に立ちます。株価が急上昇・急下落しているときには役立ちません。

「株探」の個別銘柄の「チャート」画面には「RSI」があります。また，「銘柄探検」「テクニカルで探す」画面には以下のものが掲載

図表９－４　「株探」の個別銘柄「チャート」「RSI」画面

出所：「株探」（https://kabutan.jp/stock/chart?code=4436）

されています。

① **RSI（14日線）20%以下：株価は下がり過ぎなので「買いシグナル」**

RSIが20％以下の銘柄が掲載され，これらは買い候補銘柄です。

② **RSI（14日線）80%以上：株価は上がり過ぎなので「売りシグナル」**

RSIが80％以上の銘柄が掲載され，これらは売り候補銘柄です。

(2)　「MACD（マックディー）」

「MACD（Moving Average Convergence and Divergence：移動平均収束・拡散）」は２つの移動平均の位置関係から株価のトレンドを読むものです。

「MACD」は，「日足」においては，「短期（９日間）平滑移動平

均－長期（26日）平滑移動平均」で求められます。ここで，3日間の株価終値を用いて，単純移動平均と平滑移動平均の違いを説明すると，以下のとおりです。

単純移動平均＝（1日目の株価＋2日目の株価
　　　　　　＋3日目の株価）／3
平滑移動平均＝（1日目の株価＋2日目の株価＋3日目の株価
　　　　　　＋3日目の株価）／（3＋1）

　MACD＞0は短期が長期より大きく，株価が直近上昇傾向であること，逆にMACD＜0は短期が長期より小さく，株価が直近下落傾向であることを意味しています。単純移動平均ではなく，直近の株価を重視する平滑移動平均を用いているのは，株価トレンドの転換をより早く見つけるためです。「シグナル」はMACDの単純平

図表9－5　「株探」の個別銘柄「チャート」「MACD」画面

出所：「株探」（https://kabutan.jp/stock/chart?code＝4436）

均値です。MACDとシグナルの差は「ヒストグラム（乖離）」と呼ばれています。プラスのヒストグラムが長いと株価上昇トレンドが強いことを示し、ヒストグラムの長さが反転して短くなるときが売りタイミングです。「MACD」指標は「MACDライン」「シグナルライン」という2本の線で「買いタイミング」「売りタイミング」を判断します。

① ゴールデンクロス：MACDの「買いシグナル」

　　MACDのゼロラインよりも下で、「MACDライン」が「シグナルライン」を下から上へ突き抜けた時点は「ゴールデンクロス」と呼ばれ、株価の下降トレンドが上昇トレンドに転換したシグナルで、「買い」タイミングです。画面には「MACD」が表示され、ゴールデンクロスはMACDのマイナス圏で生じます。買い候補銘柄が出ています。

② デッドクロス：MACDの「売りシグナル」

　　MACDのゼロラインよりも上で、「MACDライン」が「シグナルライン」を上から下へ突き抜けた時点は「デッドクロス」と呼ばれ、株価の上昇トレンドが下降トレンドに転換したシグナルで、「売り」タイミングです。画面には「MACD」が表示され、デッドクロスはMACDのプラス圏で生じます。売り候補銘柄が出ています。

⑶　「RCI」

「RCI」は「順位相関指数」と訳され、一定期間における日付の順位と株価の順位の相関係数を表した指標です。

① RCI＞0 vs. RCI＜0

　　RCIが0以上であれば株価トレンドは上向き、0以下であれば株価トレンドは下向きです。

② RCI＜－80 vs. RCI＞＋80

　　RCIの－80以下は株価の下がり過ぎ，＋80以上は株価の上がり
過ぎをそれぞれ意味しています。

③ 買いシグナル vs. 売りシグナル

　　RCIがマイナスからプラスに転じたときは「買い」を行い，逆
にプラスからマイナスに転じたときは「売り」を行いましょう。

図表 9 － 6 　「株探」の個別銘柄「チャート」「RCI」画面

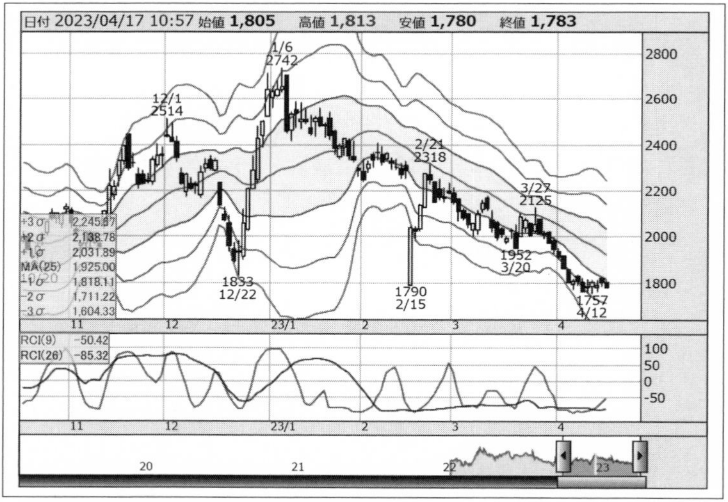

出所：「株探」（https://kabutan.jp/stock/chart?code= 4436）

9 　移動平均乖離率（「カイリ率」）：
上への乖離は「買われ過ぎ」，下への乖離は「売られ過ぎ」

　「株探」の個別銘柄の「基本情報」画面には，現在の株価の移動

平均からの乖離率（「カイリ率」）が表示されています。

① 「5日線（5日移動平均線)」：目先

② 「25日線（25日移動平均線)」：短期

③ 「75日線（75日移動平均線)」：中期

④ 「200日線（200日移動平均線)」：長期

　「25日移動平均」は過去25日間の株価終値の単純平均値，つまり，過去25日間終値で買い続けたときの平均買い値です。現在の株価が25日移動平均線から大きく上へ乖離していることは「株価は上がり過ぎ」を，逆に，大きく下へ乖離していることは「株価は下がり過ぎ」をそれぞれ意味しています。

　「株探」の個別銘柄の「チャート」「カイリ率」画面の左上に「移動平均乖離率（カイリ率）」が表示されています。

図表9－7　「株探」の個別銘柄「チャート」「カイリ率」画面

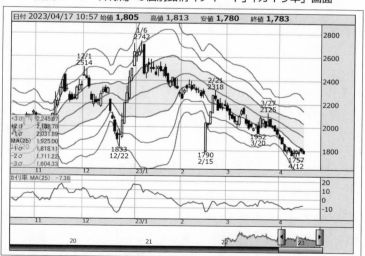

出所：「株探」（https://kabutan.jp/stock/chart?code=4436）

$$移動平均乖離率(カイリ率) = |(現在の株価 - 移動平均値)$$
$$/移動平均値| \times 100$$

と定義され，10%超であれば株価は上がり過ぎ，-10%超であれば株価は下がり過ぎです。10%超も乖離すれば目先は反転下落しそうなので「売り」を行い，-10%超も乖離すれば目先は反転上昇しそうなので「買い」を行いましょう。

「株探」の「市場マップ」「株価動向分布」画面の「乖離率／25日線」をクリックすると，現在の株価の25日移動平均からの乖離率の「-10%以上の下落」（売られ過ぎて，株価が下がり過ぎ）～「+10%以上の上昇」（買われ過ぎて，株価が上がり過ぎ）が11段階で色分けされています。

🎁 10　一目均衡表：上値抵抗線 vs. 下値支持線

　株価が上昇しているときは，下から長期，中期，短期のトレンド線，逆に株価が下落しているときは，下から短期，中期，長期のトレンド線が順番に並んでいます。「一目均衡表」では，「基準線」が中期のトレンド，「転換線」が短期のトレンドをそれぞれ示しています。「基準線」の上昇トレンドは買いシグナル，下降トレンドは売りシグナルです。

(1)　買いサイン vs. 売りサイン

　転換線が基準線より上にあるときは，株価は上昇トレンド，逆に下にあるときは，株価は下落トレンドです。転換線が基準線を下から上へ抜けると「買い」を行いましょう。逆に，転換線が基準線を上から下へ抜けると「売り」を行いましょう。

(2)　雲：上値抵抗線 vs. 下値支持線

　「先行スパン1」と「先行スパン2」によって挟まれている領域は「雲（くも）」と呼ばれています。ローソク足が雲よりも上にあるときは株価は上昇トレンド，逆に下にあるときは株価は下落トレンドです。雲が株価の上にあると雲は上値抵抗線（株価上げ止まりライン：レジスタンス）に，逆に雲が株価の下にあると雲は下値支持線（株価下げ止まりライン：サポート）になりやすいです。

　「株探」の個別銘柄の「チャート」「一目均衡表」画面の左下に「基準」「転換」「先行1」「先行2」が出てきます。

🌱11　ボリンジャーバンド：買値・売値の目標

　ボリンジャーバンドは，

(1)　「逆張り」の指標，つまり株価の上がり過ぎ，下がり過ぎを見る指標です。

(2)　「順張り」の指標，つまり株価が「上昇トレンドにあるのか」「下降トレンドにあるのか」を判断する指標です。

　ボリンジャーバンドでは，

①　移動平均線（MA：日足は25日移動平均線，週足は13週移動平均線）

②　移動平均線からの1目盛りの上昇幅「+1σ（シグマ）」，1目盛りの下落幅「−1σ」とする1組の上下の線

③　移動平均線からの2目盛りの上昇幅「+2σ」，2目盛りの下落幅「−2σ」とする1組の上下の線

④　移動平均線からの3目盛りの上昇幅「+3σ」，3目盛りの下落幅「−3σ」とする1組の上下の線

が描かれています。株価が「−1σ〜＋1σ」「−2σ〜＋2σ」「−3σ〜＋3σ」の各範囲内に入る可能性（確率）は68.3％，95.4％，99.7％です。「＋1σ」「＋2σ」「＋3σ」は株価がどれくらいまで上がるのか，「−1σ」「−2σ」「−3σ」は株価がどれくらいまで下がるのかをそれぞれ示し，株価が上限を超えると上がり過ぎ，下限を超えると下がり過ぎと判断されます。

「株探」の個別銘柄の「チャート」「ボリンジャーバンド」画面の左下に「＋3σ」「＋2σ」「＋1σ」「MA（25）」「−1σ」「−2σ」「−3σ」の7つが出てきます。ただし，期間が「日足」のときは「MA（25）」（25日移動平均線），「週足」のときは「MA（13）」（13週移動平均線），「月足」のときは「MA（12）」（12カ月移動平均線），「年足」のときは「MA（12）」（12年移動平均線）です。

(1)　上昇トレンド・下降トレンドの発生前

「ボリンジャーバンド」の幅が狭いままであるときに株式を買ったとします。いつ売ればよいのでしょうか。株価の上昇トレンドの発生前であれば，「ボリンジャーバンド」画面上でマウスポインタを買った日付の「＋2σ」ラインにあてると株価が表示されます。その株価が目標の売り株価であり，株価が目標売り株価に近づいてくると売り注文を出しましょう。株価が「＋2σ」を上抜けると「売り」を行いましょう。株価が「−2σ」を下抜けると「買い」を行いましょう。

図表9−8　「株探」の個別銘柄「チャート」「ボリンジャーバンド」画面

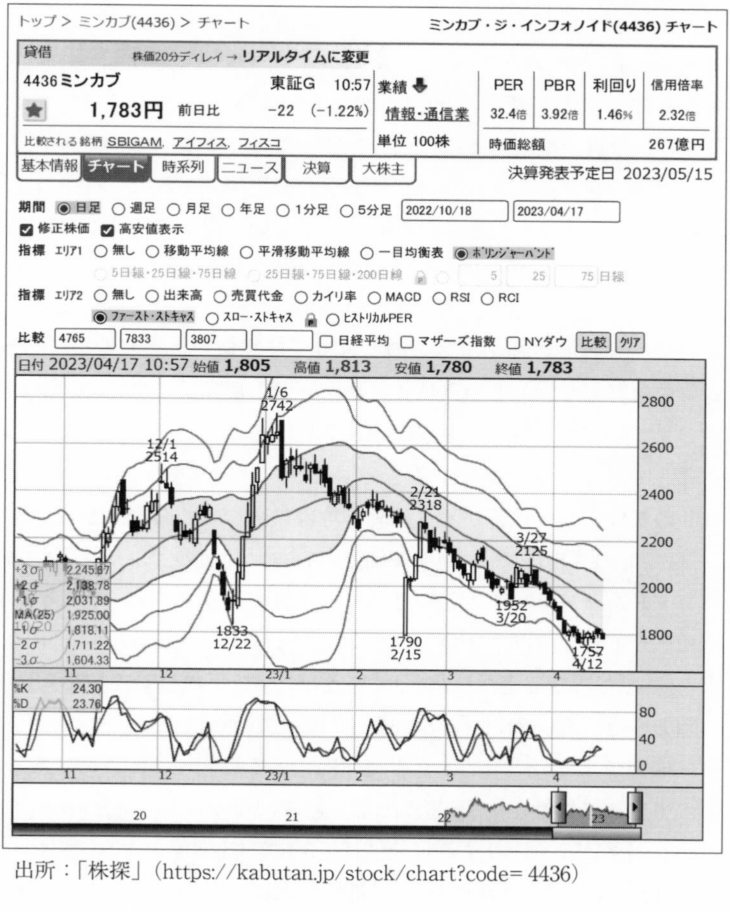

出所：「株探」（https://kabutan.jp/stock/chart?code= 4436）

(2)　上昇トレンド・下降トレンドの発生後

　バンド（ボリンジャーバンド）の幅が広がり始めると，それは株価が上下に動き出す兆しです。「＋」のボリンジャーバンドに沿っ

て株価が上昇すると，それは上昇トレンドを示唆しています。逆に，「－」のボリンジャーバンドに沿って株価が下落すると，それは下落トレンドを示唆しています。株価が「＋2σ」と「＋1σ」の間からはみ出さずに上昇し，「ボリンジャーバンド」の幅が拡大しつつあるときは買い継続であり，株式を買ったとします。いつ売ればよいのでしょうか。株価の上昇トレンドの発生後であれば，株価は上昇し続けています。できるだけ高く売りたいと思うのですが，欲を出し過ぎて売りタイミングを逸してもいけません。「＋2σ」はどんどん高くなり，「＋2σ」「－2σ」の「ボリンジャーバンド」幅はどんどん拡大していきます。そのときは「最高値では売れない」「最安値では買えない」という株式の格言「頭と尻尾はくれてやれ」に従いましょう。つまり，株価が「＋2σ」ラインに沿ってどんどん上昇して行く中で，反転下落し，「＋1σ」ラインを下回れば，「売り」の準備をし，株価が25日移動平均線に近づいたら売りましょう。

「株探」の「市場マップ」「株価動向分布」画面の「ボリンジャーバンド」をクリックすると，2つの「株価が上がり過ぎ」と2つの「株価が下がり過ぎ」が色分けされています。

① 「株価が異常に上がり過ぎ」「株価が異常に下がり過ぎ」：「＋3σ超の株価（濃い赤）」「－3σ超の株価（濃い青）」

　　株価が「－3σ～＋3σ」の範囲内に入る可能性は99.7％であるので，逆に株価が＋3σ超の上がり過ぎになったり，－3σ超の下がり過ぎになったりする可能性は0.3％です。

② 「株価が大きく上がり過ぎ」「株価が大きく下がり過ぎ」：「＋2σ超の株価（薄い赤）」「－2σ超の株価（薄い青）」

　　株価が「－2σ～＋2σ」の範囲内に入る可能性は95.4％であるので，逆に株価が＋2σ超の上がり過ぎになったり，－2σ超の下がり過ぎになったりする可能性は4.6％です。

🎁 12 ストキャスティクス

「ストキャスティクス」は「株価は下がり過ぎ」「株価は上がり過ぎ」を判断する指標です。個別銘柄の「チャート」画面の「指標エリア2」の「ファースト・ストキャスティクス」「スロー・ストキャスティクス」をクリックすると，「ファースト・ストキャスティクス」「スロー・ストキャスティクス」画面が出てきます。

(1)　「ファースト・ストキャスティクス」

「高値」「安値」「終値」から算出された「％k」「％D」といった2本の線で「買い」「売り」を判断します。「％k」は0〜100の数値をとり，現在の株価は「％k」が大きいほど高値近辺に，「％k」が小さいほど安値近辺に位置しています。「％D」は「％k」の移動平均から算出されています。

①　買いシグナル

画面には「％k」の値が表示されています。「％k」が25％以下の銘柄は，現在の株価が安値近辺に位置し，「株価は下がり過ぎ」であるので，「買い」です。％k線，％D線がともに20％以下（15％以下ならばなお良い）で，「％k」線が「％D」線を下から上へ突き抜けた時点が「買いシグナル」です。つまり，20％以下は強い下落基調で買いは厳禁ですが，下がりすぎ圏の20％以下から反転上昇すれば絶好の買いタイミングです。

②　売りシグナル

画面には「％k」の値が表示されています。「％k」が75％以上の銘柄は，現在の株価が高値近辺に位置し，「株価は上がり過ぎ」であるので，「売り」です。％k線，％D線がともに80以上

（85以上ならばなお良い）で，「％k」線が「％D」線を上から
下へ突き抜けた時点が「売りシグナル」です。

(2) 「スロー・ストキャスティクス」

「ファースト・ストキャスティクス」は「株式は売られ過ぎ」「株
式は買われ過ぎ」の感応度が高すぎるという難点を有し，実践では
「スロー・ストキャスティクス」が用いられています。「％D」「％
SD」といった2本の線で「買い」「売り」を判断します。「％D」
は0～100の数値をとり，現在の株価は「％D」が大きいほど高値
近辺に，「％D」が小さいほど安値近辺に位置しています。「％SD」
は「％D」の移動平均から算出されています。

① **買いシグナル**

　　画面には「％D」の値が表示されています。「％D」が20％以
下の銘柄は，現在の株価が安値近辺に位置し，「株価は下がり過
ぎ」であるので，「買い」です。「％D」線が「％SD」線を下か
ら上へ突き抜けた時点が「買いシグナル」です。つまり，20％以
下は強い下落基調で買いは厳禁ですが，下がりすぎ圏の20％以下
から反転上昇すれば絶好の買いタイミングです。

② **売りシグナル**

　　画面には「％D」の値が表示されています。「％D」が80％以
上の銘柄は，現在の株価が高値近辺に位置し，「株価は上がり過
ぎ」であるので，「売り」です。「％D」線が「％SD」線を上か
ら下へ突き抜けた時点が「売りシグナル」です。

【知っておきましょう】　株式売買のタイミングを
ChatGPT に聞きました

ChatGPT

　株式の売買のタイミングは，市場の状況や個別の企業のファンダメンタルズ（財務状況や業績など）に基づいて判断されるべきです。ただし，株式市場は予測困難であり，完全な正確性を保証することはできません。以下に，一般的な考慮事項と戦略をいくつか示しますが，投資に関しては個別の状況に応じて専門家のアドバイスを求めることをお勧めします。

1　ロングタームの投資

　株式市場は短期的な変動が激しい場合がありますので，株式投資は通常，長期的な視点で行われることをおすすめします。企業の成長性や競争力を考慮し，将来のパフォーマンスを評価することが重要です。

2　ダイバーシフィケーション

　リスク分散のために，複数の異なる銘柄やセクターに投資することをおすすめします。一つの銘柄やセクターに集中的に投資すると，その銘柄やセクターに関連するリスクによって大きな影響を受ける可能性があります。

3　マーケットのトレンドの分析

　技術的分析や基本的分析などの手法を使用して，株式市場のトレンドや市場の感情を分析することができます。ただし，これらの手法は予測に基づいており，正確性を保証するものではありません。

4　リスク管理

　投資の際にはリスク管理を念頭に置くことが重要です。投資資金の一部しかリスクにさらさない，ストップロス注文を使用するなど，リスクを最小限に抑えるための方法を検討してください。

5　時間をかけた研究

　企業の財務諸表や業績報告書を分析し，企業の健全性や成長の見通しを評価することが重要です。また，業界のトレンドや競合他社との比較も行いましょう。

損失が出ている投資家の2つのワナ

損失が出ている投資家がはまるワナは，次の2つです。

(1) 損失に鈍感になってしまう

損失が出ている投資家の「損失の大きさ」と「損失に対する不満足」の関係を取り上げると，株価のさらなる下落，したがってさらなる損失増から生じる精神的不満足の増はだんだん小さくなっていきます。そうすると，株価が大幅に下落して，損失がかなり大きくなったときは，もはや精神的不満足の増は限りなく小さくなり，大きな損失が出ていることに鈍感になってしまいます。

(2) 損失が出ている株式の放置：「塩漬け」

株価のさらなる下落，したがってさらなる損失増から生じる精神的不満足の増はだんだん小さくなっていくが，逆に，株価が反転上昇し，株価のさらなる回復，したがって損失減から生じる精神的不満足の減はだんだん大きくなっていきます。そうすると，株価がほんのわずかでも反転上昇して，損失が減少するときは，精神的不満足の減は大きくなり，ついつい損失の出ている株式の株価回復を期待して，保有し続けます，つまり「塩漬け」状態にしがちです。「塩漬け」は，株価が反転上昇しない銘柄群を保有し続け，「塩漬け」投資資金をうまく他の銘柄群に運用すれば利益を得ることができる時間を無駄にしているものです。株式を保有し続けるのは，その株式を追加購入してもよいと考えるときのみです。

第10章
どのように株式を購入・売却すればよいのか

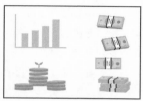

 1　株式投資の心得

　ウィリアム・デルバート・ギャンという1878年生まれの米国の株式トレーダーは，株式投資を行うには「忍耐」「勇気」「知識」「健康と休息」の4つが必要であると論じ，28の「価値あるルール」を唱えています。以下では，主たるもの5つだけを紹介します。

① **迷ったときは売買しない。根拠なしに手仕舞わない。**

　　売買に迷っているときは売買を控える。根拠があって売買したのであるから，根拠なしに反対売買（ポジションの変更）をしない。

② **リスク分散**

　　1つだけの銘柄に集中投資することはせず，複数の銘柄に投資する。ただし，複数の銘柄といっても，たとえば，すべてが外需株，すべてが内需株であれば，分散投資にはなりません。ドル安・円高で利益が減り株価が下落しそうな外需関連株と，逆に利益が増え株価が上昇しそうな内需関連株の組み合わせ購入が分散投資です。投資は「知識」であり，銘柄の特徴を知っておかねば

なりません。

③　**実現利益を別枠で蓄積する**

　一連の売買で利益を得たとしましょう。その利益でただちに株式を買わずに，別枠で貯めておき，別の機会においてのみ取り崩すことにしましょう。

④　**投資を休む**

　忍耐を失った，つまり値上がりを待ち切れないという理由で売ったり，値下がりを待ち切れないという理由で買ったりしてはいけません。投資は「忍耐」です。

⑤　**小さな儲けと大きな損を避ける**

　利益が出ているときは保有し続けて「小さな儲け」を避け，損失が出ているときは早く損切りして「大きな損」を避ける。投資は「勇気」です。

2　株式をどのように購入すればよいのか

「株式をどのように購入すればよいのか」はもっぱら投資期間（長期，中期，短期）に依存しています。

①　**長期（1年〜10年超）の投資期間**

　「ファンダメンタルズ分析」を用いて，大型の，4〜5つの株式を分散購入する。

②　**中期（3カ月以上）の投資期間**

　「ファンダメンタルズ分析」を用いて，中型の，4〜5つの株式を選び，「テクニカル分析」を用いて，2〜3つの株式を購入する。数日〜数年の売買は「ポジショントレード」と呼ばれています。

③　**短期（1日，1週間，1カ月以下）の投資期間**

　「テクニカル分析」を用いて，小型の，1〜2つの株式を集中購入する。1日のうちに売買を繰り返し，そして完結させる取引は「デイトレード」，数秒から数分程度の極短期に，何度も売買を繰り返す取引は「スキャルピング」，数日間程度の売買取引は「スイングトレード」とそれぞれ呼ばれています。

3　株式の6つのタイプ

　SBI証券会社は，2023年2月時点で，「ファンダメンタルズ指標」と「テクニカル指標」に基づいて，株式のタイプを以下の5つに分類しています。

(1)　高配当銘柄

①　予想配当利回り：3.0％以上
②　時価総額：100億円以上

(2)　財務健全・割安銘柄

　同社は「自己資本比率」「自己資本比率の同業種内での相対値」の2つ数値で銘柄の財務健全性を判断しています。また，「PER」「PBR」「75日移動平均乖離率」の3つの数値で銘柄の割高・割安を判断しています。

①　**PBR（株価純資産倍率：倍）：1倍以下**

　　PBR＝株価／BPS（1株当たりの純資産）

　　株主資本＝資本金＋資本剰余金＋利益剰余金－自己株式

純資産＝株主資本＋その他の包括利益累計額＋新株予約権
　　　　　＋非支配株主持分

　　　　＝自己資本＋新株予約権＋非支配株主持分

② **ROE（自己資本利益率：％）：8.0％以上**

ROE＝親会社株主に帰属する当期純利益／自己資本

自己資本＝株主資本＋その他の包括利益累計額

③ **自己資本比率：50％以上**

自己資本比率＝自己資本／（他人資本＋自己資本）

④ **予想PER（株価収益率：倍）：10倍以下**

PER＝株価／EPS（1株当たりの当期純利益）

⑤ **時価総額：250億円以上**

(3)　高成長銘柄

　同社は「ROE」「売上高成長率」「今期経常利益変化率」の3つの数値で銘柄の成長性を判断しています。

① 予想PER：10倍以上

② 予想売上高変化率：10％以上

③ 予想経常利益変化率：10％以上

④ 過去3年平均売上高変化率：10％以上

(4)　20万円以下で買える大型銘柄

① 投資金額：20万円以下

② 時価総額：1,000億円以上

(5)　大型優良銘柄

　同社は「時価総額」「平均売買代金」の2つの数値で会社の規模と株式の流動性を判断しています。

① 　ROE：10％以上
② 　経常利益変化率（前年度比）：5％以上
③ 　予想経常利益成長率：5％以上
④ 　過去3年平均売上高成長率：5％以上
⑤ 　時価総額：1,000億円以上

(6)　高ベータ銘柄

① 　1日平均売買代金：5,000万円以上
② 　ベータ（TOPIX）：1.5以上

4　中期（3カ月以上）に，株式をどのように購入すればよいのか

　第1に「どの銘柄を買えばよいのか」について，「株探」「銘柄探検」画面の「ファンダメンタルズで探す」で買い候補銘柄を4～5銘柄を選びます。第2に買い候補4～5銘柄のうち，2～3銘柄を「いつ売買すればよいのか」について「テクニカル分析」で判断します。

　「テクニカル分析（チャート分析）」で利用する主たる指標は以下のものです。「株探」の個別銘柄の「チャート」画面で利用可能です。

　注意しなければならないのは，1つの指標は買いサイン，もう1つの指標は売りサインを出すこともあるので，1つだけの指標に頼らないことで，必ず2，3の指標を用いて判断しましょう。しかし，5，6つの指標を用いても混乱します。

(1) 「逆張り」の指標：「オシレーター系」

　株式の買われ過ぎ，売られ過ぎ，つまり株価の上がり過ぎ，下がり過ぎを見る指標には次のものがあります。

① ボリンジャーバンド

② 移動平均乖離率：上への乖離は「買われ過ぎ」，下への乖離は「売られ過ぎ」

　　10%超であれば株価は上がり過ぎ，−10%超であれば株価は下がり過ぎです。10%超も乖離すれば目先は反転下落しそうなので「売り」を行い，−10%超も乖離すれば目先は反転上昇しそうなので「買い」を行いましょう。

③ MACD（マックディー）

　　MACDのゼロラインよりも下で，「MACDライン」が「シグナルライン」を下から上へ突き抜けた時点は株価の下降トレンドが上昇トレンドに転換したシグナルで，「買い」タイミングです。MACDのゼロラインよりも上で，「MACDライン」が「シグナルライン」を上から下へ突き抜けた時点は株価の上昇トレンドが下降トレンドに転換したシグナルで，「売り」タイミングです。

④ RSI（相対力指数）

　　RSIが20％以下であれば「株価は下がり過ぎ」，80％以上であれば「株価は上がり過ぎ」とそれぞれ判断されます。20％以下になれば打診買い，20％以下で推移していたがその水準を上抜いたときは買いタイミングです。逆に，80％以上になれば打診売り，80％以上で推移していたがその水準を下抜いたときは売りタイミングです。

⑤ RCI（順位相関指数）

　　RCIの−80以下は株価の下がり過ぎ，＋80以上は株価は上がり

過ぎをそれぞれ意味しています。RCIが0以上であれば株価トレンドは上向き，0以下であれば株価トレンドは下向きであり，RCIがマイナスからプラスに転じたときは「買い」，プラスからマイナスに転じたときは「売り」を行いましょう。

⑥　ストキャスティクス（「スロー・ストキャスティクス」）

　　「％D」が20％以下の銘柄は「株価は下がり過ぎ」であるので「買い」です。「％D」線が「％SD」線を下から上へ突き抜けた時点が「買いシグナル」です。「％D」が80％以上の銘柄は「株価は上がり過ぎ」であるので「売り」です。「％D」線が「％SD」線を上から下へ突き抜けた時点が「売りシグナル」です。

(2)　「順張り」の指標：「トレンド系」

株価のトレンド（傾向）を見る指標には，次のものがあります。

① 　移動平均線

　　株価が上昇しているときは，下から長期，中期，短期のトレンド線，逆に株価が下落しているときは，下から短期，中期，長期のトレンド線が順番に並んでいます。ですから，移動平均線の並びが，「下から短期，中期，長期のトレンド線」から「下から長期，中期，短期のトレンド線」へ変わるとき（ゴールデンクロス）が「買い」タイミング，逆に「下から長期，中期，短期のトレンド線」から「下から短期，中期，長期のトレンド線」へ変わるとき（デッドクロス）が「売り」タイミングです。一言でいえば，短期移動平均線が上に来るようになれば「買い」タイミング，下に来るようになれば「売り」タイミングです。

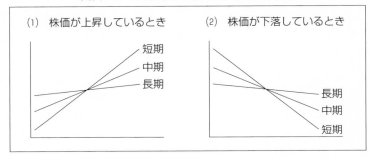

図表10－1　短期・中期・長期の移動平均線

(1)　株価が上昇しているとき

短期
中期
長期

(2)　株価が下落しているとき

長期
中期
短期

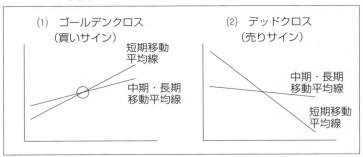

図表10－2　ゴールデンクロスとデッドクロス

(1)　ゴールデンクロス
（買いサイン）

短期移動
平均線

中期・長期
移動平均線

(2)　デッドクロス
（売りサイン）

中期・長期
移動平均線

短期移動
平均線

　短期・中期（中期・長期）の2つだけの移動平均線を利用すると，以下のように株価が下落から上昇する転換サインを知ることができます。

(i)　株価が短期移動平均線を上回る。

(ii)　短期移動平均線が上向きに転じる。

(iii)　株価が中期移動平均線を上回る。

(iv)　中期移動平均線が上向きに転じる。

　逆に，以下のように株価が上昇から下落する転換サインを知ることができます。

(ⅰ)　株価が短期移動平均線を下回る。

(ⅱ)　短期移動平均線が下向きに転じる。

(ⅲ)　株価が中期移動平均線を下回る。

(ⅳ)　中期移動平均線が下向きに転じる。

② **一目均衡表：買値・売値の目標と上値抵抗線・下値支持線**

　　転換線が基準線より上にあるときは株価は上昇トレンド，逆に下にあるときは株価は下落トレンドです。転換線が基準線を下から上へ抜けると「買い」を行いましょう。逆に，転換線が基準線を上から下へ抜けると「売り」を行いましょう。

　　ローソク足が雲よりも上にあるときは株価は上昇トレンド，逆に下にあるときは株価は下落トレンドです。雲が株価の上にあると雲は上値抵抗線に，逆に雲が株価の下にあると雲は下値支持線になりやすいです。

③ **ボリンジャーバンド：買値・売値の目標**

　　「ボリンジャーバンド」の幅が狭いままであるときには，株価が「＋2σ」を上抜けると「売り」を，「－2σ」を下抜けると「買い」を行いましょう。「ボリンジャーバンド」の幅が広がり始めると，株価が「＋2σ」ラインに沿ってどんどん上昇して行く中で，反転下落し，「＋1σ」ラインを下回れば，その時点ですぐさま売りましょう。

🎁 5 「買う銘柄」を本日の「いつ買うか」

　　さあ，「買う銘柄」を決め，本日中に買おうとしましょう。デイトレーダーが1日のうちで，安いときに買い，高いときに売って儲けようとしているくらいですから，「買う」と言っても，1日の

「いつ買う」のが問題です。

第1に「これはきっと値上がりする銘柄である」と確信するのであれば，1日の始め（前場開始時）に「成り行き（なりゆき）」で買いましょう。第2に「買うことができないことになるかもしれないが，できれば安い価格で買おう」と思えば，「基本情報」画面で1日の「始値」「高値」「安値」「現在値」を，「時系列」画面で1年超の期間にわたる「始値」「高値」「安値」「現在値（終値）」を見て，「指し値（さしね）注文」で買いましょう。

6 株式投資をめぐる11のことわざ：
株式投資と心理読み

　株式投資を難しくしているものは「心理」です。生きた人間が株式の売買をしているのですから，株式投資の理論では，業績の良い会社の株価は上がり，悪い会社の株価は下がるとされていますが，決算発表で，業績が良かったニュースが出て来ても，「もうこれ以上は良いニュースが出てこない」という「好材料の出尽くし」で株価が下がったり，あるいは業績が良くなりそうであるニュースが出て来ても，「良さそうというのは確かだが，事前に予想されていたほどには良さそうでない」という「期待（予想）外れ」で株価が下がったりします。もちろん，あるときには，業績が良かったニュースが出てきて，業績が良くなりそうであるニュースが出て来て，株価が素直に上がることもあります。では，なぜこのちがいが起こるのでしょうか。答えは「人々の心理」です。

　株式投資の核心は「株式の人気投票」であり，「何が真実であるのか」という理論のみならず，「人々が何を真実と考えているのか」という「心理読み」もあわせて重要です。

　以下では，「心理読み」に役立つ，株式投資のことわざをいくつか紹介します。それらは，株式をどのように売買すればよいかに役立つでしょう。

(1)　「頭と尻尾はくれてやれ」「天井売らず底買わず」

　株式を買うときは最安値で買いたい，売るときは最高値で売りたいものですが，最安値で買うことに拘ると買えない，最高値で売ることに拘ると売れないことになります。株式を買うときは「尻尾（最安値）」ではなくほどほどの価格で買う，売るときは「頭（最高値）」ではなくほどほどの価格で売ることがポイントです。

(2)　「売り買いは三日待て」

　株式投資の理論では，「どの株式を売買するか」よりは，むしろ「いつ売買するか」が重要であるとされていますが，「欲」が出て来ると焦りが生じるものです。あまり焦らずに慎重に売買することがポイントです。

(3)　「買いたい弱気，売りたい強気」「商いは買い手がいるうちにやれ」「買いにくい相場は高い，売りにくい相場は安い」「指し値は取り消すな」

　株式投資の理論には，株式をいつ売買すればよいかの理論はあるのですが，どの銘柄を買うのかも，いくらで買うのかも決めて買い注文を出したとしましょう。株価を見ていると，どんどん下がってきて，これだともっと安く買えるかもしれないと思い，買い注文価格（買い指し値）を下げると，結局買い時を逃がしてしまうことがあります。買いは「強気」なのですが，買い注文を出しているときに「弱気」になり，「強気」（買い）を実行できなくなるということ

です。逆に，どの銘柄を売るのかも，いくらで売るのかも決めて売り注文を出したとしましょう。株価を見ていると，どんどん上がっていき，これだともっと高く売れるかもしれないと思い，売り注文価格（売り指し値）を上げると，結局売り時を逃がしてしまうことがあります。売りは「弱気」なのですが，売り注文を出しているときに「強気」になり，「弱気」（売り）を実行できなくなるということです。これも「欲」のもたらすものです。

(4) 「三割高下に向かえ」

株式投資の理論には，株式をいつ売買すればよいかの理論はあるのですが，その理論ではなかなか決断しにくいことがあるのかもしれません。さらには，大半の人々はその理論を知らずして売買しているのかもしれません。人々の心理は，株価が30％上がればとりあえずは売り，30％下がればとりあえずは買いというものです。

(5) 「知ったら終わり」「噂で買って，事実で売る」

決算発表で，業績が良かったニュースが出て来ても「もうこれ以上は良いニュースが出てこない」という「好材料の出尽くし」で株価が下がったり，逆に業績が悪かったニュースが出て来ても「もうこれ以上は悪いニュースが出てこない」という「悪材料の出尽くし」で株価が上がったりすることがあります。もしそうであれば，良い決算が出て来そうであるという噂の段階で買い，噂で株価が上昇し，そして業績が良かったという決算ニュースが出てきたときには売るのが賢明であることになります。良いニュース，悪いニュースのいずれであろうと，事実を知ったら，噂の中での，株価の上昇・下落はいったんは終わりです。

(6)　「建値（たてね）を忘れよ」「引かれ玉（ひかれぎょく）は投げよ」「見切り千両」

　株式を 1 株500円で買ったとしましょう。その株価が300円に下がり，あるニュースで400円まで戻ったとしましょう。さあ，株価はふたたび300円に下がりそうな気がするが，買値（建値）が500円であることを強く意識すると，「いま400円で売却すると100円の損失が出るので売らない」という結論になるかもしれません。しかし，300円に下がりそうであることをかなり強く確信しておきながら，そしてもし予想通り300円に下がれば，株式をまず400円で売って，300円に下がったところで買い直すと，その時点で依然として株価300円の株式を 1 株保有していることになるが，とりあえずは100円の利益を得たことになるので，含み損は200円から100円に減らせたことになります。いったん買値（建値）を忘れることさえすれば，値下がりしそうな株式を売ることができ，損失を小さくすることができます。

　さらに，500円で買った株式が300円になり，400円に戻ったときに，売ってしまい，他の株式を買うこともありえます。これが「引かれ玉（ひかれぎょく）は投げよ」「見切り千両」ということわざです。

(7)　「野も山もみな一面の弱気なら，あほうになって買いのタネまけ」「人の行く裏に道あり花の山」

　日経平均株価が大暴落したという局面がしばしばあります。株式市場全体が大暴落しているときに株価が上がるいくつかの銘柄はありますが，総じて株価は大きく下がり，株式市場は悲観一色となり，「何を買っても下がりそうである，上がる銘柄はあってもきわめて

少ない」といった「弱気」一辺倒になります。この「弱気」一色になっているときこそ，絶好の買いチャンスであるとするのが「人の行く裏に道あり花の山」ということわざの意味です。

(8) 「閑散に売りなし」「もちあい放れにつけ」

株価の上昇局面では「買いが多く，売りが少ない」ので，また株価の下落局面では「買いが少なく，売りが多い」ので株式売買高は少ない，株価の天井・底近くでは「買いと売りがともに多い」ので株式売買高は多いというのが理論ですが，株価がほとんど動かないときは「閑散」と呼ばれ，そのときは株価が動き出すまで売買を手控えましょうというのが「閑散に売りなし」ということわざの意味です。逆に，ほとんど動かなかった株価が急に動き出す（「もちあい放れ」）と売買を活発に行いましょうというのが「もちあい放れにつけ」ということわざの意味です。

(9) 「麦わら帽は冬買え」

たとえば，アイスクリームを生産・販売している会社は夏が忙しく，冬は暇です。このような会社は夏になると，暑さとアイスクリームが話題になり，株価は上昇します。ということは，アイスクリーム会社の株式を話題にならない，株価が安い冬に買って，話題になる，株価が高くなる夏に売れば利益を得られるはずです。1年に1回のことですが，これが「麦わら帽は冬買え」ということわざの意味です。

(10) 「休むも相場」

「現金があれば，目一杯株式を買わなければならない」を繰り返し繰り返し行っていると，ついつい冷静な判断を欠いてしまいがち

です。ひたすら買い続けることは，実は買うタイミングでないときにでさえ買っているのかも知れません。株式売買をしばらくの間行わないことは冷静な判断を取り戻すきっかけになるというのが，「休むも相場」の意味です。

⑾ 「利乗せは最後にやられる」

500株だけ1株100円で，総額50,000円で買ったとしましょう。買った株式の価格が100円から200円に上昇すると，500株×（200円－100円）＝50,000円の含み益が生まれます。そこで，1株200円でさらに1,000株を追加買いすると，投資金額の総額は100円×500株＋200円×1,000株＝250,000円です。しかし，株価が200円から150円へ下落したとしましょう。含み益は，（150円－100円）×500株＋（150円－200円）×1,000株＝25,000円＋（－50,000円）＝－25,000円です。はじめに買った500株はまだ含み益がありますが，保有株式全体では含み損をかかえることになります。これが「利乗せは最後にやられる」ということわざの意味です。

🎁 7 アノマリー（経験則）

株式投資の世界には「アノマリー」と呼ばれている経験則があります。「理論なし」とは断定できませんが，理論をもって説明することが難しい株式市場の規則性のことです。必ずしもアノマリー通りにはならないかもしれませんが，株式市場の本質は「何が真実であるかよりは，人々が何を真実であると考えるか」であるので，理論の裏付けのない経験則であったとしても，人々が「さもありなん」と信じれば，株価はアノマリーに従って動くことが多々あるのです。投資戦略の1つとして心掛けておきましょう。

(1) 干支のアノマリー

　年間の騰落（十二支）についてのアノマリーがあります。各干支の相場格言を「　」の中に，日経平均株価の1950〜2020年の年間騰落率平均を［　］の中に書いておきます。

① 子（ね）：「子は繁栄」［22.5%］

② 丑（うし）：「丑つまづき」［−0.1%］

③ 寅（とら）：「寅千里を走る」［1.8%］

④ 卯（う）：「卯跳ねる」［16.4%］

⑤ 辰（たつ）：「辰巳天井」［28.0%］

⑥ 巳（み）：「辰巳天井」［13.4%］

⑦ 午（うま）：「午尻下がり」［−5.0%］

⑧ 未（ひつじ）：「未辛抱」［7.9%］

⑨ 申（さる）：「申酉騒ぐ」［8.8%］

⑩ 酉（とり）：「申酉騒ぐ」［15.7%］

⑪ 戌（いぬ）：「戌笑う」［6.2%］

⑫ 亥（い）：「亥固まる」［16.5%］

(2) 季節性のアノマリー

① **1 月 効 果**

　1月は新規資金が流入しやすく，株高傾向です。

② **節分天井，彼岸底**

　節分あたり（2月上旬）で高値をつけ，3月決算を控えた彼岸（3月下旬）の時期に安値をつける。

③ **セル・イン・メイ（5月に売れ）**

　メイは英語の5月です。株価は5月に高値をつけ6月に入ると安くなる傾向にあるので，「5月に売れ」というアノマリーです

が,「9月に戻ってくるのを忘れるな」という続きがあります。米国では確定申告の還付金が2～5月に支払われ,その間は株式市場に資金が流入しやすいが,その流れが一巡すると夏場にかけて株価は下がりやすくなります。日本の5月は3月決算企業の本決算発表前で,買いが手控えられやすい時期です。

④　ハロウィーン効果

10月末に買って翌年4月末に売ればリターンが高くなる傾向があります。

⑤　掉尾(とうび)の一振

株価は年末に大幅上昇しやすいというアノマリーです。年末が近づくと節税対策のための売りが出やすいが,大納会直前になると,節税対策売りは落ち着き,需給改善から株価は上昇しやすくなります。

8　「漁師は潮を見る」

経済学の中で森(全体)と林(一部)のたとえが出て来て,「林ばかり見て森を見ない」のを諌められます。株式についても同様で,1つ,2つの株式だけを見て,株式市場全体の状態を見ないことは諌められます。これが「漁師は潮を見る」ということわざの意味です。

【知っておきましょう】「株式投資の成功方法」を
ChatGPTに聞きました

> ChatGPT
>
> 　株式投資で成功するためには，以下のいくつかのポイントに注意する必要があります。
>
> ### 1　十分な知識を身につける
>
> 　株式投資に関する基本的な知識や投資戦略について学ぶことは非常に重要です。企業の財務状況や業績，市場の動向などを理解することができれば，より良い投資判断ができるようになります。投資に関する本やウェブサイト，セミナーやオンラインコースなどを利用して，投資知識を磨きましょう。
>
> ### 2　長期的な視点を持つ
>
> 　株式投資は時間を要するものであり，短期的な価格変動に左右されることもあります。成功するためには，長期的な視点を持ち，株式を長期保有することが重要です。企業の成長ポテンシャルや業績の改善など，将来の見通しを考慮して投資を行いましょう。
>
> ### 3　ポートフォリオの分散
>
> 　リスク管理の観点から，ポートフォリオの分散は重要です。異なる業種や地域に投資することで，一つの企業や市場の影響を受けにくくなります。複数の銘柄や投資商品に分散させることで，リスクを分散させることができます。
>
> ### 4　感情に左右されない
>
> 　株式市場は時折変動が激しくなることがあります。投資家は冷静な判断を保ち，感情に左右されずに投資を行うことが重要です。恐怖や欲望によって投資判断をすると，結果的に損失を被ることがあります。計画的な投資戦略を持ち，感情的な判断を避けましょう。
>
> ### 5　持続的な学習と情報収集
>
> 　株式市場は常に変動しており，新しい情報やトレンドが出てきます。成功するためには，投資に関する情報を継続的に収集し，学習を続けることが重要です。企業の最新のニュースや業績発表，市場の動向を追いながら，投資戦略をアップデートしていきましょう。

コラム　株式投資と人間心理 *10*

株式投資の成功は良いこと尽くしか

　ある銘柄を買って，株価が大幅上昇し，大きな利益を得たとしましょう。このことに限っていえば，株式投資は成功です。さて，この成功は中長期で見てどうなるでしょうか。株式投資の成功は良いこと尽くしでしょうか。

　株式投資成功のプラス面は，

(1)　株式の買い・売りを自信をもってできるようになる

(2)　値上がり益で次回の株式取引を支えることができる

です。逆に，株式投資成功のマイナス面は，

(1)　たしかに株式の買い・売りを自信をもってできるようになるかもしれないが，成功はしばしば過信を生む

(2)　過信は「勘」だけに頼った売買をさせるようになり，経済・産業・会社・銘柄に関する情報を求めなくなる

(3)　情報を求めるにしても，自らの投資行動を正当化する情報を過大評価し，自らの投資行動に正当化しない情報を無視する

といったことが生じ，その結果，これらは株式投資は現時点では成功したが，中長期で見ると，将来の大きな失敗をもたらしかねません。

著者紹介

滝川　好夫（たきがわ　よしお）

1953年　兵庫県に生まれる。
1978年　神戸大学大学院経済学研究科博士前期課程修了。
1980〜82年　アメリカ合衆国エール大学大学院。
1993〜94年　カナダブリティッシュ・コロンビア大学客員研究員。
現　在　関西外国語大学英語キャリア学部教授・元放送大学客員教授・神
　　　　戸大学名誉教授。博士（経済学）。株式会社シーズメン社外監査役。

〔主な著書〕
『現代金融経済論の基本問題−貨幣・信用の作用と銀行の役割−』勁草書房，1997年7月。『金融マン＆ウーマンのための　金融・経済のよくわかるブック』税務経理協会，2001年1月。『金融に強くなる日経新聞の読み方』PHP研究所，2001年7月。『経済記事の要点がスラスラ読める「経済図表・用語」早わかり』PHP文庫，2002年12月。『ケインズなら日本経済をどう再生する』税務経理協会，2003年6月。『あえて「郵政民営化」に反対する』日本評論社，2004年3月。『ファイナンス理論【入門】』PHP研究所，2005年7月。『自己責任時代のマネー学入門』日本評論社，2005年9月。『郵政民営化の金融社会学』日本評論社，2006年1月。『リレーションシップ・バンキングの経済分析』税務経理協会，2007年2月。『どうなる「ゆうちょ銀行」「かんぽ生保」−日本郵政グループのゆくえ』日本評論社，2007年9月。『資本主義はどこへ行くのか　新しい経済学の提唱』PHP研究所，2009年2月。『サブプライム危機　市場と政府はなぜ誤ったのか』ミネルヴァ書房，2010年10月。『図解雑学　ケインズ経済学』ナツメ社，2010年11月。『図でやさしく読み解く　ケインズ『貨幣改革論』『貨幣論』『一般理論』』泉文堂，2010年12月。『サブプライム金融危機のメカニズム』千倉書房，2011年3月。『企業組織とコーポレート・ファイナンス』ミネルヴァ書房，2011年3月。『信用金庫のアイデンティティと役割』千倉書房，2014年4月。『マンガでわかる統計学入門』新星出版社，2015年1月。『アベノミクスと道徳経済』（神戸大学経済経営研究所研究叢書75），2015年3月。『平成から令和へ：どうなる経済・政治・社会』税務経理協会，2020年1月。『マンガでわかるミクロ経済学』新星出版社，2021年2月。『アダム・スミスを読む，人間を学ぶ：いまを生き抜くための『道徳情操論』のエッセンス』ミネルヴァ書房，2022年9月。

金融教育塾

―新NISAで株式投資を楽しく実践―

2023年7月25日　初版発行

著　者　　滝川　好夫

発行者　　大坪　克行

発行所　　株式会社 税務経理協会
　　　　　〒161-0033東京都新宿区下落合1丁目1番3号
　　　　　http://www.zeikei.co.jp
　　　　　03-6304-0505

印刷所　　光栄印刷株式会社

製本所　　牧製本印刷株式会社

本書についての
ご意見・ご感想はコチラ

http://www.zeikei.co.jp/contact/

ISBN 978-4-419-06952-0　C3034